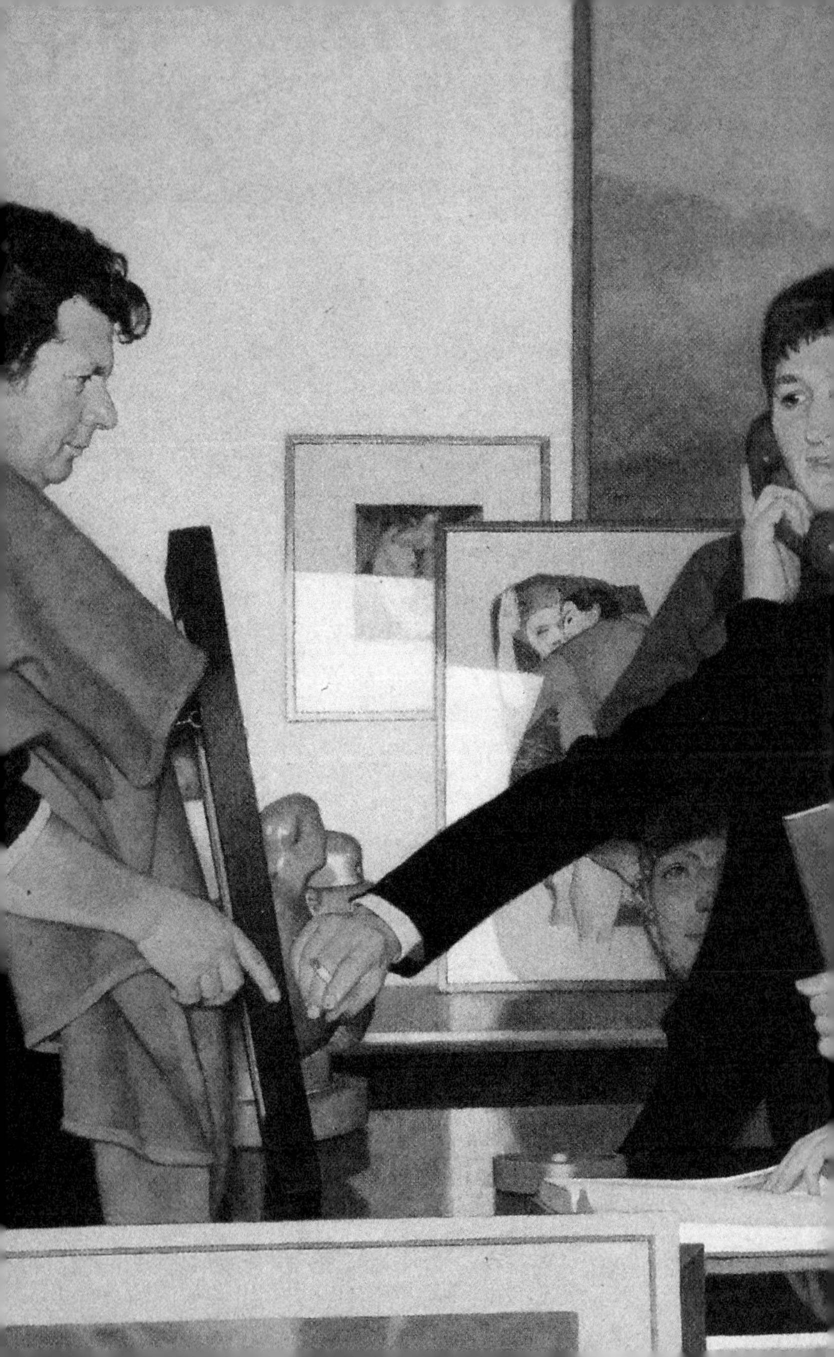

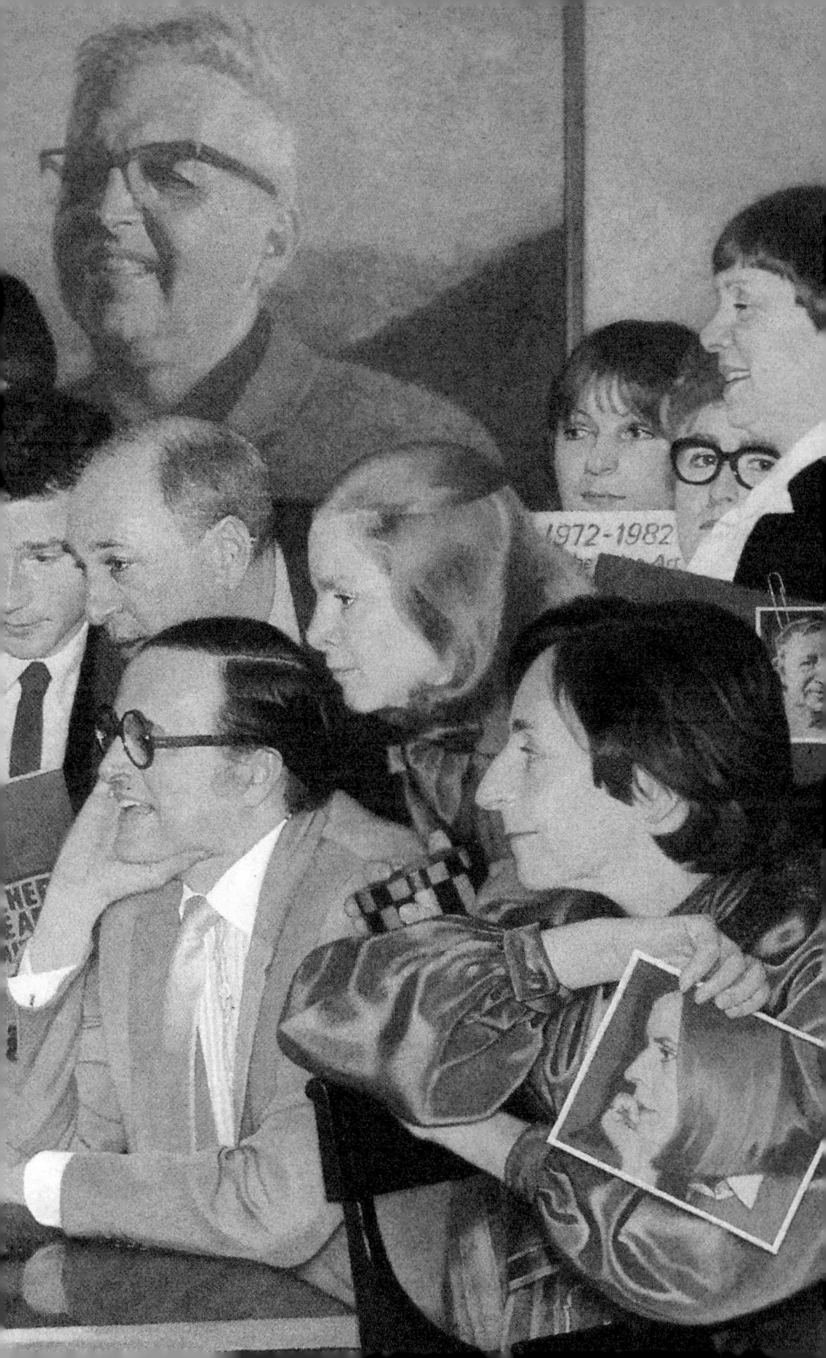
1972-1982

Wolfgang Georg Fischer
Die Rückseite der Bilder

Aufgezeichnet von Peter Stephan Jungk

müry salzmann

Vorwort

Der Plan zu diesem Buch entstand in London bereits im Jahr 1979. Es sollte einen Einblick in die Kunstszene geben, zu deren internationalem Zentrum sich London in diesen Jahren entwickelt hatte. Durch Gespräche mit dem Freund meines Mannes, dem Kunstkritiker Frank Whitford, durch zahlreiche Aufzeichnungen und Katalogtexte, die Wolfgang für die wichtigsten, von ihm kuratierten Ausstellungen verfasst hatte, begann das Projekt immer mehr zu wachsen. Als Frank plötzlich verstarb, ruhte dieses Projekt, und die Unterlagen verschwanden in einer Lade.

Durch eine zufällige Begegnung mit Peter Stephan Jungk nahm es viele Jahre später wieder Fahrt auf. Der in Paris lebende Schriftsteller kam in regelmäßigen Abständen nach Wien, sämtliche Gespräche zwischen den beiden wurden aufgezeichnet. Mit den bereits vorhandenen Unterlagen und Fischers Tagebüchern aus den sechziger, siebziger und achtziger Jahren bilden sie den Grundstock dieses Buches.

London wurde in den sechziger Jahren zum Mittelpunkt der europäischen Kunstwelt. Die Auktionshäuser, allen voran Sotheby's und Christie's, erreichten eine neue Sammler-Schicht. Die Preise stiegen, das Erwerben von Kunst wurde eine interessante Möglichkeit der Kapitalanlage. Die Galerien profitierten, ebenso die Künstler. Manche Kunsthändler wurden zu „Playern" der Szene, darunter die Partner Harry Fischer und Frank Lloyd der Galerie Marlborough Fine Art.

Harry Fischer, der Vater von Wolfgang, war der erste, der die in England keineswegs beachtete deutsche Kunst der Moderne vorstellte. Der englische Geschmack orientierte sich in jenen Jahren an den französischen Impressionisten.

Als Wolfgang Fischer 1964 von seiner Lehrtätigkeit als Kunsthistoriker in Harvard und am Smith College aus den USA zurückkam, um auf dessen Wunsch bei seinem Vater in der Galerie zu arbeiten, begann er, die österreichische Kunst der Jahrhundertwende zu zeigen: Egon Schiele, Gustav Klimt, die Secessionisten, die Wiener Werkstätte – in England damals völlig unbekannt. Ähnliches galt für Werke der russischen Suprematisten oder die Entwürfe des Architekten Frank Lloyd Wright. Eine Ausstellung zu Letzterem wurde in der Folge von vier Museen übernommen.

Oskar Kokoschka, während des Krieges nach London emigriert, wurde ein Freund von Harry Fischer, der nicht nur seine Bilder ausstellte, sondern auch mehrere Mappenwerke von Lithografien anregte und herausbrachte. Henry Moore, in England zwar bekannt, konnte mit Unterstützung der Galerie im Ausland große Aufträge realisieren. Ebenso vertrat die Galerie Francis Bacon. Zwischen diesen Größen der Kunst kamen immer wieder junge, kaum oder nicht bekannte Künstler zum Zug.

Trotz unleugbarer Erfolge stand Wolfgang Georg Fischer dem Kunstbetrieb stets kritisch gegenüber. Freund und Sotheby's-Chef Lord Grey Gowrie wollte ihn in den achtziger Jahren für einen Vortrag bei den Davoser Gesprächen vor internationalen Wirtschaftsexperten gewinnen: „Wolfgang, I need you. You must give a talk about art as an investment.“ Seine Antwort: „For me art is never an investment.“

1969 kam es zum Bruch der Partner Frank Lloyd und den Fischers. Drei Jahre später eröffneten Vater und Sohn *ihre* Galerie an einer neuen Adresse: 30, King Street, St. James, schräg gegenüber von Christie's. Einige Mitarbeiter wurden übernommen und das Team auf zehn Personen aufgestockt.

Als Harry Fischer 1977 verstarb, führte Wolfgang die Galerie bis 1993 weiter. In jenem Jahr erwarb eine Investorengruppe das Gebäude, in dem sich die Galerie befand, und so kam es zur Schließung. Trotz vielfacher Angebote von Kollegen entschied Wolfgang, sich aus dem Kunsthandel zurückzuziehen. Für sämtliche Mitarbeiter fand man neue Arbeitsplätze, ein enger Kontakt zu ihnen blieb bestehen.

Der Direktor der Tate Gallery, Sir Nicholas Serota, gab in seinem Museum ein Dinner für unser ganzes Team und die Künstler – eine einzigartige Geste.

Wolfgang Georg Fischer ist heute vor einem Jahr, am 23. September 2021, in Wien verstorben. Er hat dieses Manuskript noch autorisiert.

Jutta Fischer, am 23. September 2022

Der Knabe Unbenamt

In einem Meer von Blumen kam ich am 24. Oktober 1933 im „Auersperg“, einem der frühesten ornamentlosen Bauwerke in der Wiener Josefstadt auf die Welt. Da meine Mutter Martha sehr schön und vielfach verehrt war und die unendlich vielen Blumen bekommen hatte, fragten die Schwestern, wo sie denn ‚auftrete‘. Man meinte, sie müsse Schauspielerin oder Opernsängerin sein, denn es war schlicht unvorstellbar, dass eine einfache Patientin so viele Blumen bekam.

Der als renommiert geltende Geburtshelfer war ein gewisser Dr. Planner-Plan. Den Namen sollte ich erst in späteren Jahren genauer unter die Lupe nehmen. Planner-Plan war schon zur Zeit meiner Geburt illegaler Nazi und wurde nach dem Anschluss dafür auch belohnt. Man ernannte ihn zum Gauärzteführer Wiens. Als der Krieg vorbei war, suchte er uns auf, um eine Bestätigung bemüht, wie gut er uns behandelt habe. Das hat er auch, aber ich glaube, er musste nichts Besonderes tun, denn ich war weder eine Zangengeburt, noch gab es sonstige Komplikationen, wenngleich meine Geburt erst einen Monat später erwartet worden war. Meine Mutter hatte unmittelbar in den Stunden davor auf einer Party Unmengen von Mehlspeisen gegessen, die sie bei der Entbindung so heftig erbrach, dass das Spitalspersonal betonte, so etwas hätte es noch nicht erlebt.

Ich wurde also im Jahr der Machtergreifung Adolf Hitlers vom späteren Gauärzteführer Wiens auf die Welt gebracht, unter Unmengen von Blumen und den Resten köstlicher Torten, Kekse und Cremeschnitten. Man konnte davon ausgehen, dass mich ein angenehmes, bürgerliches, halbjüdisches – oder halbarisches – Leben erwartete. Letzteres war noch offen, denn die Nürnberger Gesetze, welche regelten, wer Volljude und wer Halbjude war, traten erst 1935 in Kraft.

Jedes Kind muss einen Namen haben. Aber meine Eltern konnten sich monatelang nicht einigen, wie sie ihren Sohn nennen wollten. Zu Weihnachten legte mir Vaters guter Freund, der Schriftsteller Hermann Broch, ein Spielzeug in die Wiege und ein Kärtchen dazu, auf dem geschrieben stand: „Dem Knaben Unbenamt…" Das muss bei meinen Eltern etwas ausgelöst haben, denn nun suchten sie gleichsam fieberhaft nach dem idealen Vornamen für ihr Baby. Meine Mutter wollte mich in ihrer Skandinavienliebe – sie sprach recht gut Schwedisch und hatte in jungen Jahren mehrere Monate in Schweden verbracht – Knut nennen, aber mein Vater war dagegen. „Das finde ich nicht gut", meinte er und sagte nur: „Knut, Knut – spuck in' Hut!" Knut kam also nicht in Frage. Dann wollte man mich Georg nennen, nach meinem jüdischen Großvater väterlicherseits, Georg Fischer. Man bat den besten Freund meines Vaters, Julius Meinl III. – die beiden waren Klassenkameraden im Schottengymnasium gewesen –, mein Taufpate zu sein. Er war dazu durchaus bereit, und so hieß ich fortan Georg Julius. Aber noch fehlte der erste, der eigentliche Vorname. Aus heute unerfindlichen Gründen einigte man sich auf Wolfgang. Wenn die Tanten und Onkel kamen und mich, den Zwei- oder Dreijährigen fragten: „Wie heißt du denn, Buberl?", antwortete ich:

„Wolfgang Fischer!" Daraufhin kam zurück: „Ist das aber ein hübscher Name, so ähnlich und schön wie Wolfgang Amadeus Mozart." Woraufhin ich entgegnet haben soll: „Nein! Wie Wolfgang Fischer!"

Die Eltern entstammten sehr unterschiedlichen Familien. Vater Heinrich Robert Fischer, den man in späteren Jahren Heini oder Harry nannte, war, um ihm den Eintritt ins Schottengymnasium zu ebnen, bereits als Jugendlicher katholisch getauft worden. Bei der jüdischen Ringstraßenbourgeoisie war das so üblich. Dessen Vater Georg, kleinwüchsig, kurzsichtig, mit einem Schnurrbärtchen, war Vertrauensanwalt der mosaischen Kaufmannschaft in Österreich und unterhielt mit seinem Bruder, Robert Fischer, eine Kanzleigemeinschaft. Deren Vater wiederum, mein Urgroßvater väterlicherseits, Salomon Fischer, kam aus dem kleinen mährischen Ghetto Lomnitz bei Brünn, war jüdischer Religionslehrer, und seine Frau Chawa betrieb das dortige koschere Wirtshaus. Georg heiratete Clarisse Deutsch aus Pressburg, eine der vier Töchter eines Lebemannes, der sein großes Erbe verprasst hatte und gänzlich verarmt war. Doch man hatte Glück im Unglück, denn seine reichen Vorfahren aus der bekannten, teilweise auch geadelten Familie Kuffner – unter anderem Besitzer der Ottakringer Brauerei – steuerten aus dem Familienfonds die Mitgift bei.

Meine Mutter Martha kam aus viel bescheideneren Verhältnissen, aus einer protestantischen, sozialistischen Arbeiterfamilie. Ihr Vater Anton Hölzl, Setzer und Buchdrucker in der Staatsdruckerei, ab 1918 Politiker der Sozialdemokratie, war Abgeordneter im Parlament der Ersten Republik für den größten Wiener Wahlkreis, der die

Proletarierbezirke Simmering, Favoriten und Meidling umfasste. Das sollte er bis 1934 bleiben. Doch nach der Ausschaltung des Parlaments durch den austrofaschistischen Bundeskanzler Engelbert Dollfuss haben ihn die Sieger des Bürgerkriegs mehrere Monate im Anhaltelager Wöllersdorf interniert. Mutters Mutter, Maria Sladky, war eines von sieben Kindern eines Tischlermeisters, der sich immer schon, insbesondere aber im Rahmen der Wiener Weltausstellung von 1873, übernommen hatte und in der Folge Pleite machte. Sie war als junges Mädchen die angeblich schönste Verkäuferin im Arbeiterkonsumverein in Wien-Favoriten, einer von Sozialdemokraten gegründeten Verkaufsorganisation, welche Lebensmittel an die Genossen, an Arbeiter und Arbeiterinnen, weitergab, ohne Profit zu machen. Dort hatte sie mein Großvater offenbar kennengelernt und sich in sie verliebt.

Meine ersten Erinnerungen sind eng mit unserer Ringstraßenwohnung am Schottenring Nummer 35 verbunden. Sie befand sich im ersten Stock, erschien mir weitläufig und war zweigeteilt: Wir wohnten auf der einen Seite der Etage gemeinsam mit Vaters Bruder, meinem Onkel Günther Fischer, dem Rechtsanwalt, während sich auf der anderen Seite die Anwaltskanzlei meines Großvaters und seines Bruders befand, die dem Großvater zugleich als Wohnung diente. Ich sehe mich im Salon meiner Großmutter auf den Donaukanal hinunterschauen und die Kähne und Ausflugsschiffe beobachten, die dort langsam vorbeituckerten.

Noch vor meinem dritten Geburtstag übersiedelten wir von der Stadt hinaus nach Pötzleinsdorf in eine schöne Mietzinsvilla in der Wurzingergasse, die von einem prachtvollen Garten umgeben war, den ich liebte. Mein Vater empfand, ich solle besser in guter Luft und im Grünen aufwachsen als mitten in der Stadt. Die Amseln kamen aus dem nahegelegenen Pötzleinsdorfer Schlosspark bis an die Fenster unserer Wohnung oder saßen stundenlang auf den hohen dunkelgrünen Tannen. Ihre Frühlingsmelodien habe ich noch deutlich im Ohr. Eine frühe Erinnerung ist der Brand der Rotunde im Wiener Prater, den ich von meinem schönen Zimmer sehen konnte, nachdem die Kinderfrau mich zu sich gerufen hatte: „Schau, Wolfi, das wird dich interessieren!“ Der große Bau mit seiner mächtigen Holzkuppel war für die Weltausstellung 1873 errichtet worden. Eine Art Regenbogen aus Asche und orangefarbenem Licht lag über der Stadt.

Vater war in jenen Jahren ein erfolgreicher Buchhändler. Seit 1927 führte er gemeinsam mit seinem Kompagnon Josef Berger, der sich nach dem Anschluss als illegaler Nazi entpuppen sollte, den Laden Berger & Fischer am Kohlmarkt. Die Finanzierung seines Anteils kam durch eine Zuwendung des Liebhabers von Vaters Mutter, meiner Großmutter Clarisse, zustande: Robert Wischnitzky war eine Art Hobbyphilosoph und Erbe der Brunner Glasfabrik, zudem ein Original; angeblich hat er auf Büchern geschlafen.

Hermann Broch war nicht nur ein guter Freund meines Vaters, sondern auch einer seiner wichtigsten Kunden. Er vertraute dem Urteil meines Vaters und erkor ihn deshalb zu einem der ersten Leser seines Romans *1888 Pasenow oder die Romantik*, noch in Manuskriptform.

„Herr Fischer, glauben Sie, ist das was?“, fragte Broch. Mein Vater, der den umfangreichen Text innerhalb weniger Tage gleichsam verschlungen hatte, antwortete ihm: „Fantastisch!“ In Vaters Erstausgabe des Romans hat Broch die Widmung geschrieben: „Für Heinrich Fischer – dem ersten Freund des PASENOW!“

Etwa ein Jahr vor unserer Übersiedlung nach Pötzleinsdorf hatte Vater seine Anteile an der Buchhandlung am Kohlmarkt verkauft und war Teilhaber der renommierten Verlagsbuchhandlung Wilhelm Frick am Graben, an der Pestsäule, geworden. Er wollte sich immer vergrößern und hatte das Glück, wiederum einen Geldgeber zu finden. Alois Engländer, ein Bankierssohn, gebürtig aus Prag, stieg als stiller Teilhaber ein und ermöglichte meinem Vater das Wagnis Frick.

Wilhelm Frick war ein Unternehmen, das sich Fachbuchhandlung und Fachverlag für Land- und Forstwirtschaft nannte und seit seiner Gründung 1874 immer wieder von neuen Besitzern übernommen worden war. Das erste verlegerische Projekt Harry Fischers wurde sogleich ein großer Erfolg: *Die Wiener Philharmoniker. Monografie eines Orchesters*. Autor war Richard Kralik, der damals renommierteste Musikkritiker Österreichs, und das Werk eine Art Prototyp späterer Coffee Table Books.

Wir waren also eine sogenannte glückliche Familie in der Villa in Pötzleinsdorf und mein Vater deren erfolgreicher Ernährer. Unser Glück sollte nicht lange währen. Gleichsam über Nacht veränderte sich unser Leben grundlegend und auf denkbar dramatische Weise. Mein Vater hatte sich am Tag des Anschlusses Österreichs an das Deutsche Reich, dem 12. März 1938, eine Doppelliterflasche Rum gekauft und sich so sehr betrunken, dass er vom Diwan fiel. Als die ersten SA-Leute in der Nachbarschaft von einem Straßenzug zum nächsten auf die Suche nach Bürgern und Bürgerinnen jüdischer Herkunft gingen, behauptete unsere Hausmeisterin, Frau Guss, mit Nachdruck: „In diesem Haus gibt es keine Juden!" Doch bereits wenige Tage später tauchte ein einst illegaler, nunmehr offizieller Nazi namens Pawlikowski bei uns auf – der erste Einbruch ins Paradies meiner Kindheit. Der Fremde mit dem auffallend ungermanischen Namen hatte vom Ortsgruppenleiter eine Liste von zehn Wohnungen erhalten, die Juden gehörten. „Auf dieser Liste können Sie sich eine aussuchen", war ihm versprochen worden. Und kaum stand er in unserer Wohnung, ließ Pawlikowski meine Eltern wissen: „Ich habe jetzt fünf gesehen und könnte mir noch vier weitere ansehen, aber diese hier gefällt mir besonders gut. Ich nehme sie."

Die Katastrophe war in Wahrheit nicht „über Nacht" passiert, denn die Massen am Wiener Heldenplatz vom 12. März formten sich nicht spontan. Sie hockten schon seit Jahren in Wartestellung. Mein Vater hat dies den Österreichern nie verziehen. Wenn man später auf seine Heimat zu sprechen kam, verkündete er stets: „In Österreich gibt es sieben Millionen Einwohner. Und das sind sieben Millionen Nazis."

Ich wagte ihm zu widersprechen: „Wie kommst du darauf, wo hast du die gesehen?"

„Am 12. März! Am Heldenplatz."

Ich gab zu bedenken: „Aber dort haben nur 250.000 Leute Platz."

Er: „Das ist mir egal, für mich sind es sieben Millionen Nazis …"

Auch nach dem Anschluss wurde ich von meiner Kinderfrau in der Pötzleinsdorfer Allee spazieren geführt. Bei der Milchfrau oder im Lebensmittelgeschäft hatte ich einen Satz aufgeschnappt, den die ahnungslose arische Kinderfrau erwähnt hatte: „Naja, der Bub ist ja gemischte Rass." Ich konnte mir nichts darunter vorstellen. Noch auf der Straße unterwegs entstand sozusagen mein erstes Gedicht: „Ich bin gemischter Rass' und bohr mir in der Nas'!"

Die kleine Emigration – Apače und Agram

Meinem Taufpaten Julius Meinl III. und dessen Vater, Julius Meinl II., gehörten in allen Teilprovinzen der k.u.k. Monarchie nicht nur Fabriken, sondern auch zahlreiche Güter. Der Gründer der Familiendynastie, Julius Meinl I., hatte den Erfolg bringenden Einfall, den österreichischen Hausfrauen in seinen zahllosen Filialen frisch gerösteten Kaffee in kleinen Mengen anzubieten. Eines der Güter der Familie Meinl, „Freudenau“ genannt, hatte Julius Meinl III. von seinem Vater geerbt, ein großer Landsitz, der nach dem Ersten Weltkrieg von der Südsteiermark an Slowenien gefallen war und seither dem 1918 neu gegründeten Königreich Jugoslawien angehörte. Es lag direkt an der Grenze, nahe Apače, unweit des Grenzübergangs Spielfeld-Straß.

Meinl junior und seine jüdische Gattin Hansi, geborene Winterstein, luden uns bereits in den Tagen nach dem Anschluss ein, zu ihnen nach Freudenau zu kommen und dort so lange zu bleiben, bis sich die politischen Verhältnisse in Österreich wieder beruhigen würden.

„Zu Silvester sind wir wieder in Wien!“, prophezeite der großzügige Unternehmer. „Entweder es gibt Krieg und die englische Luftwaffe besiegt Hitler nach wenigen Tagen, oder das ganze verfluchte Regime bricht so oder so rasch in sich zusammen.“

Julius Meinl III. und mein Vater waren wie Blutsbrüder. Ihre enge Freundschaft hatte in der sechsten Klasse Gymnasium begonnen. Manchmal sind sie von zuhause nur scheinbar ins Schottengymnasium gegangen und verbrachten den Tag als Schulschwänzer in der Stadt, nicht selten im Prater. Für die Entschuldigungen fälschte mein Vater die Unterschrift seines Vaters. Zu Weihnachten ist man ihnen draufgekommen, hat sie gestellt, und sie wurden aus der Schule geworfen – drei Jahre vor der Matura. Beide haben ihr Leben lang bereut, nicht maturiert zu haben. Mein Großvater soll damals, als der Betrug aufflog, gemeint haben: „Für meinen Sohn Heinrich bleibt nur eine Karriere – die eines Scheckfälschers!" Allerdings begann Vater noch als Sechzehnjähriger mit einer Buchhändlerlehre. Damals war dies noch ohne Matura möglich. Er verbrachte zwei, drei Jahre in Wuppertal und Berlin und begann danach in Wien sogleich als Geschäftsführer in der Verlagsbuchhandlung Braumüller, bevor er bei Berger und Frick sein eigener Chef wurde.

Julius Meinl III. war ein Adoptivkind, denn die Meinls konnten keine leiblichen Kinder haben. Seine biologische Mutter, eine Offizierstochter, war unverheiratet schwanger geworden, was in Altösterreich als Skandal galt. Julius hat sehr darunter gelitten, getraute sich aber nicht, seinen Adoptiveltern zu bekennen: „Ich weiß, dass ihr nicht meine leiblichen Eltern seid." Auf Schleichwegen und durch Bestechung fand er heraus, wer seine leibliche Mutter war und brachte es sogar so weit, ihre Telefonnummer zu bekommen. Im Alter von neunzehn Jahren fasste er den Mut, sie anzurufen. Als sie abhob, legte er aber wieder auf.

Wir verließen also Pötzleinsdorf, verließen Wien. Die Möbel wurden in einer Speditionsfirma untergebracht. Wir zogen nach Slowenien in das Schloss der Familie

Meinl, samt Dienern, Koch, Stallknechten: zu Julius und zu seiner Frau Hansi, die sehr schön war und schon in der Maturaklasse verkündet hatte, sie werde den reichsten Mann heiraten, den sie in Österreich finden könne. Deren erstgeborener Sohn hieß ebenfalls Julius, man sagte Jackie zu ihm, und er hatte einen jüngeren, sehr lebensfrohen Bruder, Thomas, der sich Tommy nannte. Noch ein drittes Ehepaar lebte auf dem Gut mit uns, die Agids, die größten Kohlenhändler Wiens, mit ihrer Tochter Madeleine. Paul, der Familienvater, war jüdisch, seine Frau Halbjüdin.

Die Drau verlief als Grenzfluss direkt durch den Schlosspark, in dem wir Kinder spielten. Durch die Bäume hindurch konnten wir die patrouillierenden Grenzwächter der Ostmark beobachten. Ich habe die Monate in Freudenau als glückliche Zeit in Erinnerung. Wir, Jackie, Tommy, Madeleine und ich, waren eine lustige Spielgruppe. Allerdings mussten wir bereits vor dem Abendessen der Erwachsenen, die sich in Abendkeid und Smoking an die Tafel begaben, schlafen gehen. Und wir hörten, bereits in den Betten liegend, ein leises Klappern der Gabeln und Messer, wenn unten gespeist wurde.

Als sich Julius Meinls Prophezeiung, wir könnten spätestens zu Silvester 1938 wieder nach Wien zurückkehren, als unhaltbar erwiesen hatte, zogen wir ins Landesinnere Jugoslawiens, nach Agram, in die Hauptstadt Kroatiens, ins heutige Zagreb. Auch dort besaß die Familie Meinl eine Fabrik sowie eine Wohnung im Bauhaus-Stil auf einem der Stadthügel, der Novakova hieß. Doch war diese Wohnung zu klein für uns alle – auch Familie Agid war mitgekommen –, daher wohnten wir zunächst in einer äußerst miesen kleinen Pension, die bis unter das Dach mit Emigranten besetzt war.

Vater, Mutter und ich hatten ein relativ großes Zimmer. Tagsüber jedoch hielten sich manchmal bis zu vierzig verängstigte Menschen bei uns auf, und alle rauchten und tranken. Jeder fragte jeden: „Was wirst du machen? Was hast du vor? Wohin? Und du? Und du?" Keiner wusste, wie es weitergehen sollte. Man gebar Ideen und verwarf sie gleich wieder, tage-, wochen-, ja monatelang. Ich schaute oft auf den Hauptplatz hinunter, auf dem ein Denkmal stand: Joseph Graf Jelačić saß hoch zu Ross, ein berühmter Feldherr, der für die kaisertreuen Kroaten viele Schlachten gewonnen hatte. Dicker Zigarettenrauch erfüllte stets das Zimmer, bis eines Tages Anton Hölzl, mein arischer Großvater aus Wien – er war nach drei Monaten aus dem Anhaltelager Wöllersdorf entlassen worden – uns in der Pension Elite besuchte. Er war überzeugter Nichtraucher, außerdem Präsident des Arbeiter-Abstinentenbundes, und schimpfte laut: „Mein Enkelkind braucht endlich Sauerstoff! Ich bitte Sie alle, ab sofort nicht mehr zu rauchen! Ich mache jetzt das Fenster auf." Eiskalte Januarluft wehte herein. Und plötzlich hörten in unserem Zimmer tatsächlich alle zu rauchen auf.

Eines Tages verschwanden Onkel Julius und Tante Hansi sowie ihre beiden Söhne spurlos aus Agram. Meine Eltern konnten es nicht glauben und forschten nach, machten schließlich den Generaldirektor Kafka der Meinl-Fabrik ausfindig, der sie stammelnd wissen ließ: „Naja, also, soweit mir bekannt ist, ist der Herr Meinl mit seiner Familie in England …"

Sie waren ohne ein Wort des Abschieds abgereist. Es war ein großer Schock. Julius Meinl besaß auch in England ein Landgut mit Pferden, Kühen und einem Verwalter. Er hatte meinem Vater offenbar nichts gesagt, aus Angst, sechs weitere Menschen – wir drei und die Familie Agid – auf diese Reise mitnehmen und in England für sie sorgen zu müssen.

Vater wurde nun immer gereizter. Er hielt das Leben in der Pension Elite nicht mehr aus. Bis er uns eines Morgens wissen ließ, er habe beschlossen, eine Reise nach London zu unternehmen, um zu sondieren, ob es für ihn dort berufliche Perspektiven gäbe. Es war inzwischen Sommer geworden, und er hatte es geschafft, ein Dreimonatsvisum für Großbritannien zu ergattern. In seinem deutschen Reichspass hieß er nunmehr Heinrich Robert Israel Fischer, mitsamt dem in seinem neuen großdeutschen Pass rot eingestempelten „J“ für Jude.

Er verabschiedete sich Mitte Juni 1939 von uns. Als ihm noch ein halber Monat England-Aufenthalt bevorstand, brach am 1. September 1939 der Zweite Weltkrieg aus. Großbritannien hatte Deutschland am 2. September den Krieg erklärt, und so saß mein Vater in London fest. Er wurde von den Engländern mit zahllosen anderen Emigranten aus Deutschland und Österreich auf der Isle of Man interniert, als *enemy alien*, der zunächst, wie alle anderen auch, unter Spionageverdacht für Nazi-Deutschland fiel, so absurd das heute erscheinen mag.

An diesem 2. September standen Mutter und ich in einer Agramer Meinl-Filiale – an der Wand hing, im Stil eines Monarchen, das Foto von Julius Meinl II. –, der uniformierte Tee-Verkäufer wickelte die 10-dag-Packung gerade ein und fragte meine Mutter: „Haben Sie schon gehört? Im Radio? Sondermeldung!“

„Nein, was ist passiert?“

„Krieg ist ausgebrochen!“

Ich erinnere mich an den Moment sehr genau: Ich bin sechs Jahre alt, meine Mutter, 1908 geboren, einunddreißig und eine schöne Frau. Ich sehe, wie sie erblasst und erkenne: Es muss etwas Furchtbares passiert sein.

Nun waren wir von meinem Vater gänzlich abgeschnitten und sollten es bis nach Kriegsende bleiben. Immerhin konnten wir aus der schrecklichen Pension Elite in die schöne Bauhaus-Wohnung übersiedeln, zumindest für eine gewisse Zeit. Julius Meinl III. hatte seinen Generaldirektor Kafka darüber hinaus angewiesen, uns eine monatliche Apanage zu zahlen. Obwohl Vater interniert war, konnten meine Eltern noch korrespondieren. In einem dieser Briefe schrieb mein Vater: „Tue alles, um das Kind zu schützen, im Notfall stimme ich auch einer Scheinscheidung zu.“ So geschah es, dass meine Mutter am deutschen Konsulat in Agram die Scheidung beantragte. Generalkonsul Josef Rheinberger, ein Vorarlberger Antinazi, der aus dem österreichischen diplomatischen Dienst übernommen worden war, ließ meine Mutter Martha unmissverständlich wissen: „Falls Sie eines Tages nach Deutschland zurückkehren möchten, sieht es viel besser aus, wenn Sie nicht die Ehefrau eines Juden sind.“

Als Scheidungsgrund wurde ein Seitensprung meines Vaters konstruiert, wobei einer der Brüder meiner Großmutter, Onkel Rudi, als Kronzeuge genannt wurde. Er sagte aus, er habe während der Urlaubszeit die

Fußbodenbretter erneuert – er war Tischler in Pötzleinsdorf. Während seine Schwester und sein Neffe bereits im Salzkammergut weilten, so behauptete er, habe sich mein Vater noch in der Wohnung aufgehalten. Und da sei Rudi das Vorbeihuschen einer fremden Dame im Negligé aufgefallen. – Diese Aussage allein genügte bereits, sie wurde ohne Weiteres und ohne den Betroffenen, meinen Vater, davon in Kenntnis zu setzen, als Scheidungsgrund akzeptiert.

Mutter und ich mussten die schöne Novakova-Wohnung nach einer Weile wieder verlassen und dann verschiedene Privatquartiere beziehen. Eine Vermieterin, sie hieß Batuschič, zeigte uns im Zimmer ihres erst kürzlich verstorbenen Sohnes, der nur achtzehn Jahre alt geworden war, ein Gemälde mit Schwänen, das er kurz vor seinem Tod gemalt hatte. Ich glaube, dies war mein allererstes bewusstes Kunsterlebnis. Dass ein so junger Mann so perfekte Schwäne malen konnte, beeindruckte mich maßlos.

Danach übersiedelten wir zu einer anderen Vermieterin, zu Elsa Reiss, in eine größere Wohnung, in der sie mit ihren Söhnen und ihrem Ehemann Jacques lebte. Jacques hatte bis zur Weltwirtschaftskrise in den späten zwanziger Jahren an der Börse viel Geld verdient. Nachdem er pleite ging, wurde die Zimmervermietung zu seiner einzigen Einnahmequelle.

Wir bezogen zwei Räume, den einen bewohnten Mutter und ich, den zweiten Onkel Günther, der jüngere Bruder meines Vaters, der uns in der Zwischenzeit nach Agram gefolgt war und äußerst enttäuscht reagierte, als er erfuhr, dass Heini bereits in England war. Er schlug sich bei jüdischen Familien, die Deutsch sprachen und ihre Kinder gern einem gebildeten Wiener Rechtsanwalt überließen, mit Nachhilfestunden in Latein, Griechisch und Mathematik durch. Fast alles Geld, das er verdient hatte, legte er sorgfältig beiseite.

„Wenn die Deutschen einmarschieren und ich in den Untergrund gehen muss“, erklärte er, „brauch’ ich ja Geld.“ Er saß stets in eine Decke gewickelt in seinem ungeheizten Zimmer, um Geld zu sparen und versuchte nebenher – er war ein interessierter und begabter Mathematiker – die ungelösten Rätsel der Lehre von den Zahlen zu knacken. Ich saß frierend auf dem Diwan, während er mir die österreichische Geschichte beibrachte. Onkel Günther konnte stundenlang über die gute Kaiserin Maria Theresia sprechen, und ich liebte es, ihm zuzuhören.

Beide Räume sowie das angrenzende Badezimmer waren, wie damals alle Wohnungen in Agram, vollkommen verwanzt. Bei Einbruch der Dunkelheit ließen sich die Tierchen vom Plafond auf unsere Betten fallen. Mutter legte vorsorglich Zeitungspapier auf die Decken und konnte die lästigen Mitbewohner im Zwielicht der Nachttischlampen somit auffangen und allabendlich entsorgen. Ich erinnere mich an ein kroatisches Kindermädchen namens Ilona, das sich eine Zeitlang liebevoll um mich kümmerte; sie nahm mich, den Sechsjährigen, zuweilen sogar zu sich ins Bett.

Jeden Morgen wachten wir durch eine Art Hahnengeschrei auf. Der Hahn schien quasi in der Wohnung zu leben, war jedoch nirgends auffindbar. Bis meine Mutter Frau Reiss eines Abends fragte: „In welchem Zimmer wohnt eigentlich dieser entsetzlich laute Hahn?" Da musste Elsa Reiss gestehen, dass es ihr verrückt gewordener jüngster Sohn war, der jeden Morgen so penetrant krähte. Er lebte kaserniert in seinem Zimmer. Wir haben ihn kein einziges Mal zu sehen bekommen.

Elsa schien mich zu mögen, denn eines Nachmittags zeigte sie mir unter einem Versteck im Fenster ihr gesamtes Silbergerät. Sie hatte offenbar jahrelang Leuchter, Dosen, Kannen und Teller gesammelt – als Rücklage für Krisenzeiten.

„Das ist mein Silberschatz!", flüsterte sie, „aber ich habe ihn nur dir gezeigt. Niemand weiß davon, und du darfst niemandem etwas erzählen …!"

Es gab auch eine Köchin und ein Stubenmädchen in dieser Wohnung. Die Köchin hatte die Angewohnheit, beim Anblick der Farbe Rot – war es nun eine Krawatte oder ein Taschentuch – zu husten und konnte absolut nicht mehr zu husten aufhören. Man durfte sich ihr daher auf keinen Fall mit der Farbe Rot nähern. Die kleine Mara, das fünfzehnjährige „Mädchen für alles", musste im Köchinnenzimmer auf dem Boden schlafen. Sie hat täglich unsere Zimmer aufgeräumt und dabei kroatische Worte von sich gegeben, wie „crevete!", Betten machen, oder „spavate!", schlafen, und Ähnliches mehr, woraufhin sie maßlos lachen musste. Einmal stahl sie meine kleine Goldkette mit einem Engelchen daran, ein Geschenk meiner Taufpatin. Auch das kostete sie enormes Gelächter, aber ich habe ihr sofort verziehen.

Die Reiss-Wohnung lag nahe am Markt, zu dem einmal in der Woche die Bäuerinnen in ihren schönen, gestickten Trachten und die Männer mit Zwiebelkränzen um den Hals aus den umliegenden Dörfern kamen und ihre bescheidenen Waren anboten – Gemüse, Obst, hausgebackenes Brot. Ich kannte schon genügend kroatische Wörter, um meiner Mutter als Dolmetsch zur Verfügung zu stehen. Ich hatte Sprachbrocken beim Spielen mit anderen Kindern aufgeschnappt. Mein bester Freund war ein Gassenbub namens Crni. Das war sein Spitzname und hieß so viel wie „der Schwarze". Wir waren eine Rasselbande und nannten uns „Crni Vuk", „Schwarzer Wolf", nach unserer beider Vornamen.

Ziel unserer Bande war es, auf dem Rasen des Stadtparks zu spielen, was streng verboten war. Ein Parkwächter mit riesiger Peitsche bewachte die Wiese, damit niemand sie betrat. Aber hinter seinem Rücken gelang es uns doch immer wieder, seinen Peitschenhieben zu entkommen, mit denen er nach uns schlimmen Kindern ausschlug. Eines Nachmittags hätte es mich beinahe getroffen, aber mein „Oberstleutnant" Crni (ich war natürlich der „General" unserer Bande) warf sich vor mich hin. Ich blieb unverletzt, und der arme Crni bekam den Hieb ab. Ich lud ihn zu uns in die Wohnung ein, aber Mutter erlaubte es nicht. Sie fürchtete, das Gassenkind würde Läuse und Flöhe einschleppen und bestand darauf, er könne nur kommen, wenn er seine Haare geschoren und seine Kopfhaut eingeölt hatte. Erst nachdem das geschehen war, durfte Crni endlich bei mir zuhause spielen – ein gefallener Engel, wie alle kroatischen Gassenbuben.

Unweit der Wohnung lag der Stadtberg Tuškanac. Auch dort trieben wir Kinder uns wie die Wilden herum. Mutter ging manchmal mit mir auf einem außerhalb der Stadt gelegenen Berg spazieren, dem Sleme, ähnlich dem

Kahlenberg oder Kobenzl in Wien. Vor allem an heißen Tagen war es am Sleme zwei Grade kühler als im Zentrum. Es gab dort oben ein gutes Hotel, aber in unserer Aufenthaltsbewilligung, der sogenannten Dozwola, die man wie einen Schatz hütete, war der Sleme nicht enthalten. Eines Tages kam deshalb die Fremdenpolizei zu uns ins Berghotel, verhaftete uns und führte uns mit dem Polizeiwagen zur Wachstube. Nach einem kurzen Verhör entließ uns der zuständige Beamte wieder. In gebrochenem Deutsch verkündete er, er werde die Anzeige nicht weiterverfolgen und lasse uns mit einer Verwarnung laufen. Wir sollten uns aber keinesfalls noch einmal außerhalb der Stadtgrenze seiner kroatischen Hauptstadt sehen lassen.

Zudem musste Mutter einen zweiten Beamten, der für die in die Dozwola eingestempelte Aufenthaltsdauer zuständig war, mehrmals mit einer Stange Zigaretten bestechen, damit er die Höchststufe von achtzehn Monaten eintrug. Später erzählte sie mir, dass dieser Beamte ihr sein Elternhaus zeigen wollte. Es lag etwa fünfundzwanzig Kilometer außerhalb der Stadt. Er brachte sie tatsächlich dorthin und wollte sie in dem menschenleeren Haus verführen. Als sie ihn abblitzen ließ, reagierte er äußerst zornig.

Ein Bild blieb mir aus jenen zwei Jahren besonders lebendig vor Augen: Wir hatten einen jüdischen Zahnarzt, der sich auf die Emigration nach Argentinien vorbereitete. Seine Wohnung hatte einen großen Balkon, von dem aus man bestens auf die gegenüberliegende Wohnung schauen konnte, die dem berühmten kroatischen Bauernführer Vladko Maček gehörte. Der Zahnarzt lud uns an Mačeks sechzigstem Geburtstag ein, dem Geburtstagsfestzug der kroatischen Bauern beizuwohnen, der an diesem Tag unter seiner Wohnung vorbeizog. Ich stand neben Mutter und Onkel Günther auf dem Balkon und sah, wie das weiße Haupt des Bauernführers auf dem Balkon gegenüber zum Vorschein kam. Wir schauten zu ihm hinüber und zugleich auf die Reihen der bedächtig marschierenden kroatischen Bauernstiefel, die über die Hauptstraße Agrams dem festlich geschmückten Haus zutrotteten. Auf den weißen Blusen der Bauernsöhne kreuzten sich die Fäden der roten und blauen Stickereien, die schwarzen Filzhüte sahen von oben wie eben aufgeworfene Maulwurfshügel aus, die Lieder in der fremden Sprache verwirrten mich, und ein großer Bottichwagen, aus dessen Spundloch auf geheimnisvolle Weise ein nie endender Strom von Wein schoss, erschien mir als leibhaftiges Schlaraffenlandrequisit. Einer dieser Männer hielt einen Schlauch in Händen, blickte stolz um sich, und unaufhörlich floss Wein aus dem Schlauch – zu Ehren des Vladko Maček. Später folgten Bäuerinnen mit gebundenen Garben im Arm, Kinder mit riesigen Kürbissen, Bauernburschen mit Zwiebelkränzen um den Hals. Kroatien brachte die Früchte des Landes zum Vorsitzenden der Kroatischen Bauernpartei in die Stadt, welcher ihnen ohne Unterlass leutselig zuwinkte. Mich hat dieses Schauspiel ungemein beeindruckt. Die Leute begannen zu applaudieren, das weiße Haupt verneigte sich, und der Bottichwagen, die singenden Bauern, die Zwiebelkränze, das Winken vom Balkon eines öffentlichen Gebäudes – das alles setzte sich in einem Vorstellungswinkel meiner Fantasie fest, wo die Kinder dreißig Jahre zuvor den Landesvater, den obersten Kriegsherrn, die allgütige apostolische Majestät und unseren vorletzten Habsburger aufbewahrten. Vladko Maček war mein Kaiser Franz Joseph!

Mutter hatte noch genügend Geld, um uns einen Sommerurlaub an der adriatischen Küste zu ermöglichen, in Split, Dubrovnik und Podgora. In besonderer Erinnerung blieben mir nicht bloß die herrlichen Sonnenuntergänge, sondern insbesondere eine Prozession zu Mariä Himmelfahrt mit anschließendem Kirtag. Die Bauern kamen von den umliegenden Bergen herab, unter ihnen auffallend viele Invalide aus dem Ersten Weltkrieg, die hinter dem Pfarrer herhumpelten. Dazu klapperten sie mit lauten Ratschen. Ich habe mich sowohl vor diesem Anblick als auch vor dem lärmenden Treiben gefürchtet.

Ein freundlicher Alter, den Mutter „Seeräuber" nannte und der sich als gutmütiger, alter Wirt entpuppte, nahm mich in einem Ruderboot auf eine Rundfahrt mit. Ich verschwieg ihr, dass er mir Rotwein und eine dicke, in Scheiben geschnittene Wurst vorsetzte.

Neben den steil abfallenden Felsen in der kleinen Bucht von Novi Vinodolski sammelte ich Seeigel in einem roten Kübel. Aus Angst gaben sie einen ekelhaft stinkenden, bräunlichen Saft von sich. Durch das Ausstoßen ihrer Leibessäfte versuchten sich diese Tierchen gegen mich zu wehren.

Ab dem Sommer 1940 stand für meine Mutter fest: Sie musste mit mir nach Wien zurück, um mich im Herbst einschulen zu lassen. Es war nicht klar, ob Hitler in Jugoslawien einmarschieren würde, doch der deutsche Konsul, Josef Rheinberger, unterrichtete meine Mutter: „Wir haben geheime Nachrichten, dass dieses Land nicht verschont bleiben wird. Ich hoffe, dass Sie bis dahin nicht mehr in Agram sind! Darf ich Ihnen einen Rat geben? Kehren Sie zu Ihren arischen Eltern nach Wien zurück, dort können Sie Ihren Sohn besser schützen; die Scheidung von Ihrem Mann habe ich ja schon eingereicht."

So begannen die Vorbereitungen für unsere Rückkehr ins Tausendjährige Reich – eine vollarische Mutter mit ihrem halbarischen Mischling. Das bedeutete, dass wir meinen armen Onkel Günther allein lassen würden. Die Trennung von ihm war nicht leicht, denn wir wussten, dass wir ihn in Chaos und Lebensgefahr zurückließen. Erst viele Jahre später sollte ich in Erfahrung bringen, dass er aus Jugoslawien deportiert und in den Gaskammern von Auschwitz ermordet worden war.

Tausendjährige Dinge

Unsere erste Station auf dem Staatsgebiet Großdeutschlands, mit der Eisenbahn aus Agram kommend, war Graz. Die Stadt war mit riesigen Hakenkreuzfahnen beflaggt – in meiner Fantasie sehe ich ein wahres Meer an Flaggen, so weit das Auge reichte. Mutter legte ihre Hand über meine Augen, ich habe aber durch die Zwischenräume ihrer Finger hindurchgeschaut. Bis heute besuche ich die „Stadt der Bewegung" äußerst ungern – so nannten die Grazer stolz ihre Heimat, die noch viel nazistischer und antisemitischer war als Wien.

Von Graz ging es weiter nach Wien. Unsere Wohnung in Pötzleinsdorf war arisiert, ebenso der Verlag und die Buchhandlung meines Vaters, Frick am Graben. Wo sollten wir uns niederlassen? Mein Großvater Anton Hölzl, der als ehemaliger Abgeordneter eine gute Wohnung in einem Gemeindebau bekommen hatte, lud uns zu sich ein. Er lebte in einer großen Anlage im Bezirk Favoriten, dem Quarinhof, unweit der Spinnerin am Kreuz, den er als Bezirkszuständiger im Jahr 1924 noch persönlich eröffnet hatte. Da gab es kleine Wohnungen – Zimmer, Küche, Kabinett –, und jede Wohnung hatte ihr eigenes Klosett mit fließendem Wasser. Mein Großvater war privilegiert, daher bekam er eine größere Wohnung zugeteilt. Damit seine Parteigenossen aber nicht eifersüchtig wurden, nannte man die Einser-Stiege, wo meine Großeltern wohnten, die „Doktorstiege". Bei einem so großen Gemeindebau, in dem einige Hundert Menschen lebten, musste es auch Ärzte geben, und ein Arzt brauchte ein

Wartezimmer und ein Ordinationszimmer. Also hatten diese Wohnungen um zwei Zimmer mehr. Eng war es für uns vier trotzdem noch; ich schlief mit meiner Mutter im Ehebett der Großeltern, Großvater im Kabinett, Großmutter im ehemaligen Kinderzimmer.

Auch im Gemeindebau dominierten die Hakenkreuzfahnen. Drei besonders lange Fahnen „zierten" die Fassade, zusätzlich steckten jede Menge kleinere Fähnchen in den Fenstern der Bewohner. Ich wurde von meiner Mutter angehalten, im Stiegenhaus entgegenkommenden Parteien „Heil Hitler!" zuzurufen, insbesondere den unmittelbaren Nachbarn, einem Ehepaar, von dem sie und mein Großvater wussten, dass sie begeisterte Nationalsozialisten waren. „Das musst du tun, um uns keinen Ärger zu verursachen!", klärte Mutter mich auf.

Ein Jahr verspätet – ich war inzwischen sieben Jahre – kam ich endlich in die Volksschule in der Knöllgasse in Wien-Favoriten. Nach den Nürnberger Rassegesetzen von 1935 konnten Halbjuden ihre Volksschulzeit ganz normal absitzen, aber die weiteren Schuljahre waren auch „Mischlingen" verwehrt.

Ein überzeugter Nazi, der Direktor der Schule, war auch einer meiner Klassenlehrer. Seltsamerweise mochte er mich und ich ihn. Er war bereits vor dem Anschluss illegaler Nazi gewesen und trug ein goldenes Parteiabzeichen auf dem Revers. Als meine Mutter in der dritten Klasse nachfragte: „Macht mein Sohn gute Fortschritte? Sind Sie mit ihm zufrieden?", seufzte der Klassenlehrer und antwortete nach einer theatralischen Pause: „Der Fischer ist nicht nur der beste Schüler seiner Klasse, sondern der ganzen Schule. Aber …", er seufzte erneut,

„… er überragt alle in Mathematik aufgrund seiner jüdischen Herkunft.“ Jahre später in der Mittelschule, im freien Österreich der Zweiten Republik, sollte ich bestenfalls einen Vierer bekommen. Bei der Matura fiel ich in Mathematik sogar durch und musste die Prüfung wiederholen.

In der Schule tauschten wir Kinder billige Farbdrucke aus: Abbildungen von den berühmtesten Politikern, Generälen, Obersturmbannführern des Dritten Reichs. Mir gefiel ein Abbild des jungen U-Boot-Kommandanten Günther Prien besonders gut, der 1941 einen Kriegseinsatz nicht überlebt hatte und zu glorreichem Heldenstatus aufgestiegen war. Ich erwarb es für fünf Pfennige. Meine arme Mutter: Ich habe dieses Bild mit Reißnägeln an der Wand unseres Schlafzimmers festgemacht, und da sie mit mir das Bett teilen musste, fielen ihre Augen jeden Morgen, sobald sie erwachte, und jeden Abend, bevor sie einschlief, auf den U-Boot-Helden Prien.

In der vierten Klasse kam eines Tages ein auffallend groß gewachsener SA-Offizier mit Stiefeln, Hakenkreuzbinde, Sturmhaube, in khaki-brauner Uniform und verkündete: „Ich habe den Auftrag, junge Menschen für die Napola, die Nationalpolitische Erziehungsanstalt, auszuwählen, die künftige Führungsschicht unseres Tausendjährigen Reiches. Wer aufgenommen wird, kann auch dazu beitragen, unserem geliebten Führer schneller zum verdienten Endsieg zu verhelfen! Und jetzt alle aufstehen, die gute Noten haben und eine Oberschule besuchen wollen!“

Die Hälfte der Klasse stand auf, darunter auch ich, denn ich dachte mir, wenn ich ein noch besserer Schüler und obendrein noch arischer werden könnte, erlaubt mir Adolf Hitler persönlich, eine Oberschule zu besuchen.

In jenem vierten Jahr hatte ich einen weiteren Klassenlehrer, den ich mochte, nicht zuletzt, weil er mich vor allen anderen konstant bevorzugte. Er hieß Bertsche und wäre beinahe entlassen worden, weil er praktizierender Katholik war und im Lehrerzimmer mit anderen mehrmals für eine kranke Kollegin gebetet hatte – ein absolutes Sakrileg in der Nazizeit. Allein die Tatsache, dass er wenige Jahre vor der Pensionierung stand, hat ihn vor dem Ärgsten bewahrt. Er durfte bleiben. Lehrer Bertsche bekam einen roten Kopf, als er sah, dass ich mich für die Napola-Auswahl zur Verfügung stellen wollte.

„Setz dich wieder“, fuhr er mich von seinem Tisch auf dem erhöhten Podest aus an.

Der SA-Mann reagierte erstaunt: „Warum soll sich der Bub setzen?“ Bertsche flüsterte ihm etwas zu, vermutlich: „Das ist ein jüdischer Mischling!“ Daraufhin herrschte der Offizier alle anderen an: „Ihr kommt mit mir ins Direktionszimmer!“

Bertsche schien äußerst unruhig, als die Gruppe nach einer halben Stunde noch immer nicht zurück war. „Was macht der so lange dort oben?“, murmelte er vor sich hin. Endlich kamen sie wieder, und alle schienen irgendwie bedrückt. Bertsche konnte nun nicht fragen: „Was hat dieser Scheißkerl mit euch gemacht?“, sondern bat einen aus der Gruppe: „Kutschera, du wirst jetzt eine kleine Redeübung halten, um der Klasse zu erzählen, was ihr im Direktionszimmer erlebt habt.“

Der Schüler wollte zuerst nichts sagen, doch dann erfuhren wir: „Alle mussten sich nackt ausziehen, und der Herr Offizier hat uns lange begutachtet." Er wollte offensichtlich nachprüfen, ob jemand beschnitten oder körperlich geeignet war. Von den zehn Schülern wurde nur ein einziger zur Aufnahmeprüfung ans Theresianum eingeladen. Dieser Junge war der Blondeste der Blonden, ein gewisser Dieter, Rheinländer, und hatte strahlend blaue Augen. Seine Aufnahmeprüfung dauerte eine Woche. Als er zurückkam, war Bertsche wieder neugierig, wie es ihm ergangen war: „Also Dieter, wir haben schon sehr auf dich gewartet – du wirst jetzt eine kleine Redeübung über deine Erlebnisse bei der Aufnahmeprüfung in die Führer-Eliteschule halten. Bist du durchgekommen?"

„Ich bin durchgefallen."

„Warum denn das?"

„Am letzten Tag sollte ich auf ein Seil klettern, und das konnte ich nicht perfekt. Deshalb bin ich durchgefallen." Bertsche freute sich und konnte es auch nicht verbergen, sagte aber: „Das ist sehr schade, lieber Dieter, sehr schade – setz' dich!"

In diese Zeit fällt mein zweites bewusstes Kunsterlebnis: Mein Großvater Anton Hölzl nahm mich zu einer Ausstellung Ferdinand Georg Waldmüllers ins Belvedere mit. Ein Bild beeindruckte mich mehr als alle anderen: *Die Veilchenpflücker*. Eine Wienerwald-Landschaft mit Blumen und Kindern, die im Vordergrund spielerisch nach etwas suchen und mit denen ich mich vollkommen identifizierte. Ein unvergessliches, orgiastisches Gefühl, eine joie de vivre, überkam mich beim Anblick dieses Bildes.

Scharf ins Gedächtnis eingebrannt hat sich auch die Geschichtsminute des 20. Juli 1944 kurz nach fünf Uhr, als zwischen dem ersten Satzteil des Nachrichtensprechers – „Heute Vormittag wurde ein Attentat auf den Führer verübt“ – unsere Hoffnung auf das Ende des Tausendjährigen Reiches ins Maßlose stieg und der zweiten Satzhälfte – „... der Führer ist wohlbehalten!“ – diese innerhalb von Sekunden wieder ins Bodenlose stürzte.

Ich führte damals Tagebuch, notierte aber lediglich: „Wien, Donnerstag, 20. Juli 1944. Heute wurde ein Attentat auf Adolf Hitler verübt.“ Rote Hinweispfeile und Unterstreichungen waren versteckte Zeichen, welche Bedeutung diese Nachricht für uns in Wirklichkeit hatte. Am nächsten Tag klebte ich mehrere Zeitungsblätter der Sonderausgabe des *Völkischen Beobachters* ein, deren eine Schlagzeile lautete: „Wie das Deutsche Nachrichtenbüro erfährt, ist das Komplott der verbrecherischen Offiziersclique völlig in sich zusammengebrochen.“

Nach Abschluss der vier Volksschulklassen war ich beinahe elf Jahre alt. Laut Nürnberger Gesetzen durfte ich als jüdischer Mischling ersten Grades, also als Kind mit einem jüdischen Elternteil, weder eine Hauptschule noch ein Gymnasium besuchen. Bloß die achtklassige Volksschule, für die weniger Begabten des Landes reserviert, stand mir offen. Ich wäre auch gerne zur Hitlerjugend gegangen, die Uniform gefiel mir, und die Geländespiele hätten mir Spaß gemacht. Ein Banknachbar in der Volksschule hat eine schwarze Schnürlsamthose getragen, welche Teil der HJ-Uniform war, und so eine hätte ich auch gerne besessen. Die Tatsache, dass ich Halbjude war, war mir zwar bewusst, aber ich begriff sie nicht ganz.

Es war mehr eine Ahnung als ein konkretes Wissen, da mich meine Mutter nicht allzu sehr belasten wollte. Wie kann ich es anstellen, fragte sie sich, meinem Sohn die Wahrheit indirekt zu vermitteln? Sie besaß ein kleines Büchlein mit illustrierten biblischen Geschichten. Darin gab es ein hübsches Bild, welches zeigte, wie Moses mit dem auserwählten Volk das Rote Meer durchquerte. Mutter ließ mich wissen: „Das ist Moses, und das sind die Israeliten, und bei diesem Ereignis, von dem du im Religionsunterricht hören wirst, da war auch einer deiner Urururururgroßväter dabei."

Als am 19. Februar 1945 eine amerikanische Fliegerbombe den Quarinhof traf und unter anderem die Einser-Stiege des Gemeindebaus, vor allem aber auch die Wohnung meines Großvaters schwer beschädigt wurde, entschied Mutter: „Weder darfst du aufs Gymnasium, noch haben wir ein Dach überm Kopf. Wir ziehen aufs Land." So kam es, dass wir im März 1945 nach Gurten in Oberösterreich zogen, nahe Ried im Innkreis, auf der Bahnstrecke Ried – Braunau gelegen. Eine enge Freundin meiner Mutter bekam von einer Kleinbäuerin am Grundlsee den Geheimtipp, nicht im Salzkammergut zu hamstern, sondern im Innviertel, da dort Milch und Honig flössen. Ich genoss die schulfreien Monate in dem hübschen Dorf. Ein Ort, den wir schon in den Jahren zuvor immer wieder für längere Zeit aufgesucht hatten, aus Gründen der Verköstigung, da die Ernährungslage dort um vieles besser war als in der Stadt. Wir empfanden es als eine Art Schlaraffenland. Ganz anders als in Grundlsee und Bad Aussee gab es Bauern mit oft zwanzig, gar dreißig Kühen und bis zu zwanzig

Hektar Weidefläche. Bei ihnen konnte man beinahe alle Lebensmittel kaufen.

Wir wohnten im Haus der Witwe eines reichen Gutsbesitzers, des Landtagsabgeordneten Gersberger, der in der Ersten Republik den Christlich-Sozialen angehört hatte und ein überzeugter Antinazi, aber auch Antisozialist war. Nach Braunau fuhr man hier und da. Unmittelbar neben Hitlers Geburtshaus suchten wir ein kleines Kaffeehaus auf und tranken heiße Schokolade.

Im Ort Gurten gab es offenbar nur drei echte Nazis: den Bahnhofsvorstand, ein Norddeutscher mit reichsdeutschem Akzent, den die Bahnverwaltung der Reichsbahn hierher versetzt hatte, den Oberlehrer der Volksschule, Otto Gänzberger (da Großbauern aber immer der Meinung sind, Oberlehrer seien sowieso Trottel, haben sie ihn nicht allzu ernst genommen), und es gab eine dumme, machtgierige Postmeisterswitwe, die wie Hunderttausende ihrer Volksgenossinnen bis über beide Ohren in den Gröfaz, den Größten Führer aller Zeiten, Adolf Hitler, verliebt war. Sie hörte jede Sondermeldung im kleinen Volksempfänger. Als die Deutschen Paris besetzten, stürzte sie auf die Straße und schrie: „Paris, Paris, Paris!", und die Gurtner flüsterten einander zu: „Die Alte weiß ja nicht einmal, wo Paris liegt. Lasst sie schreien!"

Aus Liebe zu seiner Schwester und seinem Neffen hat uns mein Onkel, Karl Hölzl, in den letzten Kriegswochen gezwungen, Gurten zu verlassen und zu ihm in die Berge zu ziehen, an den Grundlsee, den ich seit meiner frühesten Kindheit über alle Maßen liebte. Onkel Karl war Mittelschulprofessor, ein promovierter Geologe und eine eher unglückselige Gestalt. Er hat nie geheiratet, zog sich immer, wenn es mit einer Frau ernst wurde, in sich zurück. Er wollte sein Leben lang nur Ruhe haben, und nichts war ihm wichtiger als das. Er war ein entschiedener Antinazi, der zunächst in Schweden im Exil lebte, dann aber von Stockholm nach Großdeutschland ausgeliefert wurde. Er hat es während der Kriegsjahre geschafft, sich für verrückt erklären zu lassen, um nicht einrücken zu müssen.

Onkel Karl vertrat zu Recht die Ansicht: „Im Innviertel könnte noch eine große Schlacht stattfinden, vor allem die Nähe zu Braunau erhöht die Gefahr beträchtlich. In den Bergen seid ihr hingegen sicher, Grundlsee ist ein geografischer Blinddarm. Da kommt niemand hin und niemand weiter."

Allerdings hatte August Eigruber, der Gauleiter von Oberösterreich, den Auftrag erteilt, das Salzbergwerk in Altaussee, in unmittelbarer Nähe von Grundlsee gelegen, zu sprengen, in dem 22.000 Kunstschätze eingelagert waren. Das Dynamit hatte er bereits in zahlreichen Kisten vor den Eingängen zum Bergwerk vorbereitet. Teile der Ausseer Bevölkerung haben diese Wahnsinnstat in einer Nacht- und Nebelaktion im April 1945 verhindert. Sonst wären, unter zahlreichen anderen Schätzen, Michelangelos Madonna oder der berühmte Genter Altar der Brüder van Eyck vernichtet worden.

In Grundlsee erwarteten uns meine Großeltern, die Wien in der Zwischenzeit ebenfalls verlassen und bei meinem Onkel Karl Unterschlupf gefunden hatten. Mein bester Freund im Ort, der Mayerl Hansl, er war genau so alt wie ich, musste mir mittags immer erzählen, was in der Schule vorgefallen war, da ich vom Schulbesuch dank eines ärztlichen Gefälligkeitsattests befreit war. Meine Mutter wollte mich vorsorglich davor bewahren, eine Volksschulklasse besuchen zu müssen, die von einem begeisterten Nazi geleitet wurde und die mich ihrer Überzeugung nach in keiner Weise weitergebracht hätte.

Am 30. April 1945 erfuhr ich von meinem Freund: „Der Herr Oberlehrer Hollwöger hat uns heute gesagt, der hochverehrte Führer des Tausendjährigen Reiches, unser geliebter Führer Adolf Hitler, ist heute im Abwehrkampf um unsere Hauptstadt Berlin mit der Waffe in der Hand gefallen. Aber in seiner Liebe und Weisheit hat er den allerbesten Nachfolger bereits bestimmt, den Großadmiral Dönitz."

Mayerl Hansl hatte daraufhin gefragt: „Herr Oberlehrer, müssma jetzt ‚Heil Dönitz' grüßen?" Darauf entgegnete der Oberlehrer Hollwöger etwas hilflos: „Nein, Mayerl, wir grüßen einstweilen stumm."

Friedensausbruch

Wir erlebten das Kriegsende in Grundlsee. Die Ernährungslage in diesem fast regenlosen Sommer war denkbar schlecht. Der Ort liegt so hoch, sodass dort kein Getreide mehr wächst. Wir lebten größtenteils von Erbsen in allen Variationen: Erbsensuppe, Erbsenpüree, Erbsenbrot und Erbsenkuchen. Zuweilen gab es auch Brennessel- oder Klatschblumensalat zu essen. Man sah konstant gelbgrün aus, stand zuweilen um den See herum und erbrach sich. Halbverhungerte Menschen, die in den schönen Gebirgssee Erbsen erbrochen haben. Man sagte, sie haben die Erbsenkrankheit.

Meine Mutter war, wie sie mir oft versicherte, bei allen großen politischen Umwälzungen gerade beim Friseur. 1934, beim Ausbruch des österreichischen Bürgerkriegs, 1938, beim Einmarsch Hitlers in Wien, und 1945, beim Kriegsende.

Als sie den Friseurladen in der Ortsmitte von Bad Aussee verließ, fuhr ein amerikanischer Panzer unmittelbar auf sie zu. Das Kanonenrohr wurde geschwenkt, die Kuppel ging auf, ein Soldat sprang herab und entfernte mithilfe eines Schraubenziehers die Tafel *Adolf-Hitler-Platz*. Meine Mutter bemerkte dann, dass der Panzer an den Seiten bereits viele solcher Tafeln aufwies.

In Bad Aussee und Altaussee hielt sich noch eine größere Zahl prominenter Nazis auf, zum Teil in ihren Villen versteckt, darunter auch die Ehefrau von Adolf Eichmann. Vera Eichmann folgte ihrem Mann erst 1952 nach Argentinien und lebte mit ihren Kindern bis dahin in Fischerndorf. In der Silvesternacht 1949/50 versuchte der legendäre Nazijäger Simon Wiesenthal vergeblich, Adolf Eichmann zu fassen, als dieser sich im Tiefschnee über den Tressensattel von Grundlsee nach Altaussee zu seiner Familie begab, um das neue Jahr zu feiern.

Obwohl ich den Ort seit meiner Kindheit so sehr liebe, war er im Laufe des Krieges einer der Brennpunkte der nationalsozialistischen Bewegung und ihrer Protagonisten. Der nazistische Teil der Dorfjugend malte bereits Jahre vor dem Anschluss Hakenkreuze an die Felswände und entzündete Sonnwendfeuer auch außerhalb der Sonnwendzeit auf den Gipfeln. Man trug allseits Lederhose mit weißen Kniestrümpfen, was bereits damals zur heimlichen Naziuniform geworden war. Hätte etwa Richard Beer-Hofmann, der Dichter über alttestamentarische Themen, der Grundlsee zur zweiten Heimat erkoren hatte, das Zeichen an der Bergwand nicht wenigstens in einer Notiz erwähnen müssen? Oder soll man ihn und alle kulturfreundlichen Rechtsanwälte, Ärzte, Professoren und Industrielle jüdischer Herkunft, die 1937 ihren letzten Friedenssommer oder überhaupt ihren letzten Sommer dort verbracht haben, einfach als politisch witterungslose Spätromantiker abtun?

Die zwei größten Villen am Ufer des Grundlsees sind die vieltürmige Villa Roth in Gössl und die Villa Castiglione am rechten Seeufer, beide übrigens von jüdischen Bauherren errichtet und in der Nazizeit als arisierte jüdische Güter dem Bürgermeister des Ortes zur freien Verfügung überlassen. In der Villa Roth waren die sechs Kinder des Propagandaministers Joseph Goebbels evakuiert. Ich stand auf der Veranda unseres gemieteten

Hauses und sah die Goebbels-Kinder täglich zur Schule trippeln, bewacht von zwei SS-Männern mit aufgepflanzten Gewehren. In der Villa Castiglione war die gesamte Privatbibliothek Adolf Hitlers untergebracht, und sie war deshalb so besonders groß, weil jeder deutsche Verleger angehalten war, dem Führer mindestens ein Belegexemplar jedes seiner Bücher zu schenken.

Die ganze deutsche Süd-Armee ist 1945 bei ihrem Rückzug nahe Pichl-Kainisch, einem Nachbarort von Bad Aussee, von den Amerikanern entwaffnet worden. Auf den Wiesen lagen die Gewehre der Besiegten herum und dazwischen die herrlichsten Köstlichkeiten, die man sich vorstellen konnte. Weizenmehl, Zucker, Kaffee, Schinken, Brot, einfach alles, was eine Armee braucht, um sich gut zu ernähren. Der amerikanische Major, der die Truppe befehligte, freundete sich mit meiner Mutter an, nicht zuletzt, weil sie recht gut Englisch sprach. Sie konnte sich aussuchen, was ihr Herz begehrte und was sie mit dem Fahrrad transportieren konnte. So ging es uns eine ganze Weile gar nicht schlecht.

Es gab damals noch keine intakten Postverbindungen, aber ein weiterer amerikanischer Offizier – Captain Isidor Lewinski – überbrachte meiner Mutter den Brief einer engen Freundin, die nach England emigriert war. Lewinski hatte an der Wiener Adresse, am Quarinhof, nach uns gesucht, und dort ließ man ihn wissen, dass die ausgebombte Familie möglicherweise an den Grundlsee geflohen sei. Daraufhin durchquerte er mit seinem Chauffeur in einem Armeejeep die russische Zone und fand uns tatsächlich an der vermuteten Stelle. Der Brief von Erika, der Freundin meiner Mutter Martha, enthielt unter anderem die Nachricht, dass mein Vater den Krieg wohlbehalten überstanden und sich im April 1945 mit einer Engländerin verheiratet habe. Er hatte sich offensichtlich nicht an die Abmachung gehalten, die mit Mutter getroffen worden war, gemäß der die Scheidung bloß eine Scheinscheidung war. Kaum hatte Mutter die Kassandranachricht voll erfasst, rannte sie im Zimmer des Gasthofs Lindlbauer am See, in dem sich der Captain einquartiert hatte, ans Fenster und wollte sich in die Tiefe stürzen. Lewinski und sein Chauffeur, zwei starke Männer, hatten große Mühe, sie zurückzuhalten.

Sie sagte mir zunächst nicht, was sie in Erfahrung gebracht hatte, denn sie wollte mich nicht auch noch mit dieser für sie so schlimmen Nachricht beunruhigen und belasten.

Ich sehe die Amerikaner noch vor mir, wie sie in ihren hohen Stiefeln mit den vielen kleinen Schnallen auf der schönen Terrasse unter den Kastanienbäumen des Gasthofs Schramml sitzen, von der aus man den ganzen See überblickt. Wir Kinder bestaunten die Soldaten nicht wegen ihrer Uniformen, sondern der Weltwunder wegen, die sie verteilten: Kaugummi, Schokolade, Coca-Cola und kleine Dosen mit Corned Beef. Wenn sie sich am Seeufer die Zähne putzten, schäumte die nach Pfefferminze duftende Zahnpasta auf. Sie kamen in ihren Jeeps angerast, bremsten abrupt ab, und es roch herrlich nach betäubend hochoktanigem Benzin.

Mutter setzte sich zu einem der Soldaten an den Tisch und sagte in ihrem Schulenglisch: „Welcome in Austria, the war is over!“, worauf sie einen bösen Blick erntete und eine Antwort auf Deutsch: „Haben Sie Mauthausen gesehen!?“ Meine Erinnerung an die GIs ist auch mit sonderbaren Übungen verbunden, die sie auf einer Wiese in der Nähe unseres gemieteten Hauses abhielten: Sie hüpften bajonettstoßend umher und übten so den Nahkampf für den japanischen Kriegsschauplatz; Hiroshima und Nagasaki standen ja noch bevor. Sie stachen wie wild auf Heumandln ein, eine hölzerne Vorrichtung, auf der das gemähte Gras zum Trocknen aufgehäufelt wurde. Die auf der Gaiswinkler Wiese eingeübten Nahkampfstöße sollten zum Glück nicht mehr zur Ausführung kommen.

Im Herbst 1945 beschwerten sich die drei Bürgermeister der Gemeinden Grundlsee, Bad Aussee und Altaussee beim zuständigen amerikanischen General im Hauptquartier Salzburg: „Unsere Gesamtbevölkerung betrug in Friedenszeiten nicht mehr als 12.000. Wir haben mit den Ausgebombten und Flüchtlingen aber jetzt das Dreifache, wir können sie nicht länger ernähren, haben selbst zu wenig, und im kommenden Winter wird es außerdem kein Heizmaterial geben.“ Man müsse diese große Zahl Fremder auf Wien und andere Städte des Landes verteilen, war ihre Forderung.

So kam es, dass meine Großeltern Hölzl, meine Mutter, ihr Bruder Karl und ich im Oktober 1945 – es war schon sehr kalt – drei Tage und drei Nächte brauchten, um in einem Viehwaggon von Bad Ischl nach Wien zu kommen. In diesen Waggons gab es weder Sitzgelegenheiten noch gar Betten, man hockte auf dem Bretterboden, auf kleinen Taschen oder Rucksäcken, in die man seine Wäsche sowie ein paar Hemden und Hosen gepackt hatte. Alle sechs Stunden kamen GIs mit einem Korb voll Brot und warfen die Laibe in den Waggon. Man fing sie gierig auf, und anschließend wurde lange besprochen, wie das Brot am gerechtesten zu verteilen sei. Drei oder vier Laibe für einen Viehwaggon mit sechzig Menschen, darunter viele Kinder, waren natürlich zu wenig. Also wurde beschlossen, jeden Brotlaib in kleine Scheiben zu schneiden und diese zu versteigern. Die meisten hatten kein Geld bei sich, boten aber für eine Scheibe Brot zum Beispiel eine Hose oder ein Paket Windeln.

Alle paar Stunden blieb der Zug stehen, damit man auf den umliegenden Feldern seine Notdurft verrichten konnte. Die älteren Leute konnten nicht ohne Hilfe aussteigen, mussten also von den Jüngeren aus den Waggons herab- und danach wieder hinaufgehoben werden.

Ein unauslöschbares Bild – nahe der Ennsbrücke jenseits der Donau und unweit von Mauthausen begann die sowjetische Zone. Ich sah zum ersten Mal russische Soldaten, bestaunte sie mit unersättlichem Blick. Niederösterreich war russisch besetzt, Wien bereits in vier Zonen unterteilt. Der Wachesoldat, dem am Ennser Checkpoint an jenem Tag die Kontrolle oblag, war schlechter Laune und ließ den Zug anhalten. Wir standen viele Stunden an dem Grenzübergang fest und wussten nicht: Müssen wir wieder zurück nach Bad Ischl, oder geht es irgendwann doch weiter nach Wien? Dann kam endlich ein Offizier, der etwas besser aufgelegt schien – man schenkte ihm ein oder zwei Flaschen steirischen Wein –, und daraufhin verkündete er: „Dawai, los, weiter!"

Zwei Tage später kamen wir endlich in Wien an. Leider mussten wir am Rande der Stadt, in Wien-Hütteldorf, aussteigen. Dort sah ich einen Buben auf einem Holzblock sitzen und herzhaft in eine frische Semmel beißen und dachte unwillkürlich: „So schlimm wird es schon nicht werden, wenn wieder frische Semmeln zu kaufen sind …!"

Die Stadt lag allerdings in Trümmern. Man stieg über Berge von Schutt, zwischen denen sich schmale Pfade schlängelten. Zum Stephansdom ging man wie über eine Berglandschaft. Das Riesenrad stand reglos mit seinen ausgebrannten Waggons. Der Heinrichshof, das große Gebäude gegenüber der Staatsoper, die Oper selbst, das Burgtheater, alles war zerstört. Im Tiergarten Schönbrunn waren die Käfige leer – keine Elefanten, Löwen und Tiger, auch keine Pinguine mehr. Der Film *Der Dritte Mann* von Carol Reed, 1948 gedreht, lässt erahnen, wie Wien damals ausgesehen hat. Eine verwüstete Stadt. Böse zwinkernde Kirgisen des russischen Heeres kutschierten auf kleinen Ponywagen durch die Straßenschluchten. Es war kalt, und es gab kaum Strom und Gas.

Wir wussten zunächst nicht, wohin mit uns. Die Wohnung in Pötzleinsdorf war arisiert, jene im Quarinhof zerbombt. So zogen wir vorerst zu Onkel Rudi, dem jüngsten, geliebten Bruder meiner Großmutter. Er war Hausmeister in der Pfefferhofgasse im 3. Bezirk. Als Schutzbundführer und überzeugter Antinazi war er Verbindungsmann zu den republikanischen Brigaden im Spanischen Bürgerkrieg. Das mühsam gesammelte Geld der Wiener Genossen hatte er in Barcelona einmal sogar persönlich überbracht.

In Rudis Zweieinhalb-Zimmer-Wohnung hausten wir nun zu acht, Rudi, seine Frau und eine seiner Töchter sowie wir fünf. Und wir froren viel. Der „Hausfreund" war ein winzig kleiner Ofen, kaum größer als eine größere Konservenbüchse. Es knisterte auf der sonst kalten Platte des Küchenofens, man fütterte die Glut mit kleinen Zweigen, die man im Wienerwald aufgelesen hatte, still beglückt, dass man überlebt hatte. Ich weiß nicht mehr, wie und wo wir geschlafen haben, aber man gab sich Mühe, dass ich immer ein Bett hatte. Ich nehme an, einige müssen am Boden geschlafen haben.

Eines Morgens beim schlechten Frühstück – es gab noch keinen Kaffee und auch keine Butter –, einem typischen Nachkriegs-Frühstück also, sagte Onkel Rudi: „Meine Lieben, so geht's nicht weiter. Ich kann euch nicht ewig hier behausen, wir müssen eine Lösung finden. Wir gehen morgen zu unserer Pötzleinsdorfer Wohnung und erobern sie zurück! Mit mir geht der Karl, der ja auch ein großer, kräftiger Mann ist, und mein Schwiegersohn, der Jaro." Die drei Männer standen am nächsten Tag im Morgengrauen tatsächlich vor der Wohnungstür in der Wurzingergasse 8 im 2. Stock und läuteten an.

Eine kleine Frau öffnete ihnen. „Was wollen Sie?"

„Die Wohnung!", antwortete Onkel Rudi.

„Was heißt: Die Wohnung? Meine Wohnung?"

„Das ist nicht Ihre Wohnung, Frau Pawlikowski, das ist die Wohnung der Familie Fischer, die arisiert wurde."

„Davon weiß ich nichts."

„Wo ist Ihr Mann?"

„Weiß ich nicht."

„Wo sind die Kinder?"

„In der Schule."

„Wie viele Kinder haben Sie?"

„Drei. Alle drei haben noch nicht maturiert."

„Wie alt sind die Kinder?"

„Zwischen elf und achtzehn.“

„Ich bin der Onkel von Frau Fischer, der jüngste Bruder ihrer Mutter, das ist der Bruder meiner Mutter, der Herr Professor Dr. Karl Hölzl, und das ist der Jaro, mein Schwiegersohn.“

Frau Pawlikowski wirkte nun äußerst beunruhigt: „Kommen Sie herein, aber ja nicht ins Wohnzimmer! Bleiben S’ hier stehen, im Vorzimmer.“

„Wie stellen Sie sich vor, dass es nun weitergeht?“, wollte Onkel Rudi wissen.

„Ich weiß es nicht“, entgegnete sie, vollkommen verwirrt. Sie jammerte, es gebe keinen Ort, wohin sie ziehen könne. Ihr Mann war nach dem Krieg zunächst verschwunden und dann nach Südafrika geflüchtet. Frau Pawlikowski blieb mit den drei Kindern allein. Sie hatte angeblich kein Einkommen, wurde aber von ihrem Vater, einem Tullner Geschäftsmann, erhalten.

Nach stundenlangen Verhandlungen, im Korridor der Wohnung stehend, wurde vereinbart, die dreieinhalb Zimmer zu teilen. Frau Pawlikowski bekam für sich und die Kinder zwei Räume, wir zu fünft ein Zimmer und ein Kabinett: für Mutter und mich, ihren Bruder Karl und für meine Großeltern. Wir lebten nun zu neunt unter einem Dach. Ich war immer leicht kränklich, man gab mir daher gleich mein altes Kinderzimmer, das ich liebte und an das ich mich noch gut erinnern konnte. Jede Familie blieb in ihrem eigenen Bereich, aber man konnte nicht vermeiden, einander zuweilen in den Korridoren zu begegnen. Außerdem mussten Toilette, Badezimmer und Küche geteilt werden. Alle Türen blieben stets geschlossen, die Teppiche verschluckten fast alle Geräusche. Trotzdem hörte ich, wie Dismas, der Älteste, im Wohnzimmer griechische Vokabeln büffelte.

Das Wohnungsamt der amerikanischen Verwaltung des Bezirks Pötzleinsdorf wies Frau Pawlikowski mehrmals neue Wohnungen zu, die sie jedoch alle ablehnte. Drei Mal sagte sie, die ihr vorgeschlagenen Orte seien ungeeignet, sie akzeptiere diese Vorschläge zur Übersiedlung nicht. Nach einem Jahr riss Onkel Rudi, dem Spanienkämpfer, die Geduld: „Das nächste Angebot, Frau Pawlikowski, werden Sie annehmen! Falls nicht, lassen wir Sie mit Polizeigewalt delogieren."

So kam es dann auch im bitterkalten Herbst 1946: Beamte standen vor der Tür, um sie und ihre Kinder abzuholen. Sie musste nun endgültig eine Wohnung annehmen, die man für sie vorgesehen hatte, und die mit Sicherheit keine gute war. Wir verhielten uns still in unseren Zimmern, wie Mäuschen vor der Katze. Sonderbarerweise hatte ich noch Jahre danach Mitleid mit Frau Pawlikowki, trotz allem, was ihr Mann und sie uns angetan hatten.

Mein Großvater Anton Hölzl starb im Februar 1946, und zwar in meinem Zimmer. Er hatte zur Mittagszeit, an einem föhnigen Tag, Holz abgeladen, eine ganze Fuhre zum Heizen, damals wertvoll wie Gold, organisiert von Onkel Rudi, der immer Schleichhandel betrieb und sich durchzukämpfen wusste. Großvater hatte sich beim Abladen und beim Schleppen in den Keller überanstrengt und einen Herzanfall erlitten. Großmutter rief: „Renn, Wolfi – hol einen Doktor!" Ich war dreizehn, hatte aber keine Ahnung, wo man einen Doktor finden konnte. Die Hausmeisterin schickte mich zum Pötzleinsdorfer Hauptplatz zu einem Dr. Füger.

Ich fand ihn und flehte ihn an: „Mein Großvater liegt im Sterben, Sie müssen sofort kommen!"

Eine hagere, große Frau mit papiernem Gesicht (alle schienen in diesem Winter ein papiernes Gesicht zu haben) und schmalen Lippen, sagte in abweisendem Ton: „Der Herr Doktor kann jetzt nicht, er kommt nach der Ordination!" Diesen Satz habe ich der Ordinationshilfe bis heute nicht verziehen. Rettungswagen gab es nicht, auch kein Taxi, mit dem man in ein Spital hätte fahren können.

Großmutter saß neben dem Kopfteil des Diwans in meinem Kinderzimmer, beugte sich über den Großvater und sagte immerzu mit einer bis dahin nie vernommenen, fast betörend sanften Jungmädchenstimme: „Anton! Anton!" Beschwörend und gleichzeitig beschwichtigend, liebevoll. Durch die Glastür meines Zimmers konnte ich Großvaters Röcheln hören. Sein Todeskampf machte mir Angst. Ich hielt es im Vorzimmer nicht aus. Ich lief ins große Eckzimmer und war froh, als mein Freund Fritz zu Besuch kam, mit dem ich dann stundenlang Halma spielte.

Endlich Türglockenschrillen. Um sechs Uhr erst tauchte Dr. Füger auf, begleitet von einem amerikanischen Regimentsarzt der Elite-Division Rainbow, die in unserer Straße stationiert war – mit weichem Hut und seltsam gut gekleidet, ein Mensch wie aus Friedenszeiten. Dr. Füger gab Großvater eine Injektion, die jedoch wirkungslos blieb.

Am Abend setzte sich meine Großmutter dann zu uns, den halmaspielenden Buben, auf den Diwan, den Kopf in die Hände gestützt: „Ich glaube, der Anton ist tot!" Der amerikanische Regimentsarzt, ein Emigrant, hatte meiner Großmutter zugeflüstert: „Unser Beileid, aber vielleicht ist es in diesen Zeiten besser so."

Mutter hatte sich mit einem amerikanischen Koch angefreundet, dem Farmer Leslie aus North Carolina, der in der Mannschaftsküche ebenfalls der Rainbow Division diente. Die Freundschaft mit einem Koch war in diesem Hungerwinter wertvoller als jene zu einem General. Mutter schenkte Leslie alten Schmuck und bekam als Gegenleistung die Schätze seines satten Landes, die er der Schlaraffenlandküche entwendet hatte: Kokosfett in Dosen, Corned Beef, Cornflakes, Kondensmilch, manchmal sogar Tee und Kaffee, oft auch noch ein Stück Schokolade für mich. Und wenn er betrunken war, vergaß er oft – versehentlich oder absichtlich –, den Schmuck für seine Geschenke mitzunehmen.

Leslie hat uns am Abend dieses Sterbetages besucht, nachdem die beiden Ärzte sich von meiner Großmutter mit Beileidsbezeugungen verabschiedet hatten. Es gab in Wien noch keine Leichenbestattung, die man hätte anrufen können. In ihrer Verzweiflung bat Mutter Leslie daher, zu helfen. Er hatte einen kleinen Hund bei sich, der entsetzlich scharrte, kratzte und keifte, und Mutter bat ihn, erst einmal den Hund zu beruhigen: „My father has just died." Dann fragte Leslie: „Do you have a sock?" Den benötige er, um dem Toten das Kinn aufzubinden. Ich sollte indessen auf den Hund aufpassen, der wieder zu jaulen anfing und noch wilder an der Leine riss als zuvor.

Großvater blieb noch Tage in meinem Zimmer liegen, denn man konnte in ganz Wien keinen Sarg auftreiben.

Die Toten wurden deshalb in Papiersäcken begraben. Aber Großvaters langjähriger Freund und politischer Kampfgenosse, Bundespräsident Karl Renner, hatte versprochen, Auftrag zu geben, einen der drei Holzsärge, die in Wien für „Prominente“ reserviert waren, Anton Hölzl, dem früheren sozialdemokratischen Abgeordneten zum Nationalrat der Ersten Republik für die Bezirke Meidling, Simmering und Favoriten, zu überlassen. Renner wollte zudem, dass mein Vater mit einem Kurierflugzeug aus London zum Begräbnis eingeflogen würde. Eisenbahnzüge fuhren nur sporadisch, und der militärische Flugverkehr lag in den Händen der Besatzungsmächte. Nur die Macht eines Staatsoberhauptes konnte die Staats- und Zonengrenzen in so kurzer Zeit zum Verschwinden bringen. Vater aber hat das Angebot nicht angenommen. Es wäre unser erstes Wiedersehen nach sieben Jahren gewesen.

Die Verhandlungen bezüglich des Sarges und der Flugreise meines Vaters müssen sich lange hingezogen haben, denn unter der Türritze meines Kinderzimmers strömte bereits ein leicht süßlicher Leichengeruch aus, den ich niemals mehr aus meinem Gedächtnis tilgen kann. Ich begann, mich sogar vor dem harmlosen Lichtschein, der von der Torlaterne des gegenüberliegenden Hauses durch das Fenster des Sterbezimmers drang und von der gerippten Milchglastür des Zimmers reflektiert und gebrochen wurde, zu fürchten. Letztendlich war ich aber auch stolz, dass mein Großvater durch Fürsprache des Staatsoberhauptes einen Holzsarg bekommen hatte; es zeigte mir, wie bedeutend er gewesen sein musste. Auch das klapprige Auto, mit dem wir zur Beerdigung gebracht wurden, bestätigte dies. Wer fuhr damals schon mit einem Auto, noch dazu von Pötzleinsdorf über die Währingerstraße und den Gürtel bis zum Matzleinsdorfer Friedhof im 10. Bezirk?

Die evangelische Friedhofskirche war mit riesigen schwarzen Tüchern ausgehängt, die wie schwarze Segel vom Wind bewegt wurden, der durch das halboffene, zerbombte Dach und durch klaffende Mauerrisse in die Kirche drang. Auf dem Weg von der Kirche zum Grab ging man an offenen, von Bomben und Granaten umgepflügten Gräbern und umgestürzten Gruftsteinen vorbei. Braune Knochen, vom Bombenluftdruck nach oben geschleudert, lagen verstreut herum. Ein Oberschenkelknochen erschien mir unwirklich groß, als hätte er zu einem Ichthyosaurier gehört. In den umliegenden Zinskasernen hatten die Leute die Fenster aufgerissen und starrten auf den langen Leichenzug herunter.

Dr. Füger, der am Begräbnis teilnahm, ist mir noch viele Jahre danach wie der leibhaftige Todesengel erschienen. Sobald ich ihn auf der Pötzleinsdorfer Allee mit seiner eckigen Doktortasche erblickte, wechselte ich die Straßenseite.

Mein Vater, das erfuhr ich inzwischen, hatte sich in London neu verheiratet. Eines Tages lag auf dem einzigen Tisch, den wir besaßen, jener Brief von Mutters Freundin, in dem es hieß: „Wie du ja sicherlich schon erfahren hast – Heini hat eine Engländerin geheiratet." Mutter hatte es mir noch immer nicht gesagt gehabt, weshalb ich wohl beschloss, mir dieses Wissen nicht anmerken zu lassen; gleichzeitig aber kamen mir die Tränen. Wahrscheinlich hatte ihm Enid Parker, seine neue Frau, die Reise zum Begräbnis seines Schwiegervaters untersagt. Die mit meiner Mutter 1939 verabredete Scheinscheidung betrachtete Vater mithin offensichtlich als reale Scheidung. Jahrelange Streitigkeiten zwischen meinen Eltern waren die Folge. Mutter blieb der Auffassung, ein anständiges demokratisches Gericht der Nachkriegszeit habe zu bestimmen, ob ihre Ehe nun tatsächlich geschieden sei oder nicht, da die Scheinscheidung ja zu Zeiten der Naziherrschaft, also gleichsam erzwungenermaßen, erfolgt war. Mein Vater sollte sich schließlich mit dem Hinweis durchsetzen, würde man alles Geschehene vor einem Richter aufrollen, riskiere er die Gefahr einer Anklage als Bigamist. Es sollte also noch eine ganze Weile dauern, ehe Vater zum ersten Mal zu Besuch nach Wien kam.

Mittelschuljahre

Meine Mutter beschloss, mich für die Mittelschulzeit im Schottengymnasium anzumelden. Der Direktor des altehrwürdigen Gymnasiums, ein Geistlicher, empfing sie im vornehmen Direktionsbüro, wo Mutter sofort zur Sache kam: „Mein Mann ist Altschotte, er hat's zwar leider ab der sechsten Klasse nicht mehr geschafft, aber sein Bruder Günther hat im Jahr 1926 bei Ihnen maturiert. Ich möchte, dass mein Sohn auch zu Ihnen kommt. Er hat aufgrund der Nürnberger Gesetze ein Jahr verloren, hier sind die Dokumente."

Der Direktor sah sich alles an, reagierte merklich unfreundlich auf den protestantischen Taufschein – einen katholischen Jungen hätte er viel lieber aufgenommen –, dann stieß er noch auf ein weiteres Papier, das ihn störte: „Das ist ja ein Scheidungszeugnis! Sind Sie geschieden?"

„Ich erkenne diese Nazi-Scheidung nicht an", entgegnete Mutter und erzählte die Geschichte von der Zwangsscheidung.

„Tut mir leid, aber Kinder aus geschiedenen Ehen nehmen wir nicht auf", wurde sie belehrt. Wutentbrannt und ohne ein weiteres Wort verließ sie das holzgetäfelte Büro und meldete mich stattdessen im Realgymnasium Wien-Hernals in der Geblergasse an, dessen Direktor sie kannte. Es war Dr. Koref, ein überaus gütiger Halbjude, der den Krieg in Wien überlebt hatte.

Er fragte meine Mutter, wie viele Jahre Gymnasium ich der Nürnberger Gesetze wegen versäumt hätte und erlaubte mir, mit der zweiten Klasse zu beginnen. Ich blieb bis zu meiner Matura, sieben Jahre später, am Hernalser Gymnasium. Die meisten meiner Mitschüler kamen aus kleinen Verhältnissen. Ich fühlte mich in dieser Schule während all der Jahre fehl am Platz; ich war vom Turnen befreit, spielte nicht mit den anderen in einem sogenannten Fetzenlaberl Fußball, sondern las stattdessen Rilke und Hofmannsthal.

Direktor Koref war zugleich unser Physikprofessor, dafür bekannt und ausgelacht, dass ihm seine physikalischen Experimente stets missglückten. Wir Schüler erwarteten mit größter Vorfreude das sichere Scheitern. Besonders streng war Professor Tauscher, der Mathematiklehrer – für mich bis zur Matura ein großer Schrecken. Im Gegenzug ärgerten wir den offenbar einzigen ehemaligen Nazi unter der Professorenschaft: den Geografielehrer Stipek. Er wagte es nicht, sich über uns zu beschweren oder sonst das Geringste gegen uns zu unternehmen, obgleich wir ihm ständig Streiche spielten. Einer dieser Streiche bestand darin, einen Kanarienvogel unter einem Hut zu verstecken, den wir auf das Klassenbuch legten. Professor Stipek dachte, der Hut sei bereits das Ärgernis und fegte ihn mit dem Handrücken wütend fort. Da kam das Vöglein zum Vorschein und erhob sich in die Lüfte. Wir haben die ganze Stunde brüllend, aber vergeblich versucht, den Vogel einzufangen.

Die Deutschprofessorin mochte ich besonders gern. Anna Noll war eine alte, hinkende Dame, für die es in der Literatur nach der Deutschen Klassik nichts Erwähnenswertes mehr gab. Sie ging am Stock, und man nannte sie ihrer männlichen Gesichtszüge wegen „Die Alte Fritzin“. Sie hatte sogar ein kleines Bärtchen, das sie nicht auszupfte, und besaß ein kleines Vermögen, das sie aber in späteren Jahren verlor. Ich empfand mich durchaus, und sie bestätigte es mir sogar, als ihren Meisterschüler. Ihre Meisterschülerin fast zwei Jahrzehnte zuvor an einem Mädchengymnasium war übrigens die österreichische Lyrikerin Christine Busta.

Am katholischen Religionsunterricht durfte ich nicht teilnehmen, aber zwischen vierzehn und sechzehn habe ich mich protestantisch fromm gefühlt, betete nicht selten so innig ich konnte und ging am Gründonnerstag aus Überzeugung zum Abendmahl. Ein Theologiestudent, der spätere Pastor Rudolf Lissy aus Perchtoldsdorf, gab mir privaten Religionsunterricht. Er pflegte meine Hand beschwörend in die seine zu legen und auszurufen: „Begreifst du es, dass Jesus Christus für dich gestorben ist? Kannst du verstehen, dass der lebendige Herr Christus für dich, Wolfgang Georg, am Kreuz gelitten hat und gestorben ist?!"

Ich sagte begeistert „Ja!", obwohl mich leise Zweifel beschlichen, die ich jedoch nicht zu formulieren wusste. Ich zweifelte nicht an Gott oder an den ewigen Wahrheiten des Glaubens, wollte mich aber dem Glauben trotzdem nicht vollständig unterwerfen. Vielmehr bezweifelte ich Lissys Anmaßung, dass der liebe Gott, der Herr Jesus Christus, ausgerechnet für mich am Kreuz habe sterben müssen …

In diese Zeit fällt das erste Wiedersehen mit Vater, seit er uns in Agram verlassen hatte. „Hoffentlich ist Heini nächstes Jahr zu Weihnachten bei uns!", vermerkte ich seit 1939 jedes Jahr in meinen Kindheitstagebüchern.

Erst 1948 war es soweit. Vater flog mit British Airways von London nach Wien. Jede Besatzungsmacht hatte ihren eigenen Flughafen, und jener der Briten war Schwechat. Das Propellerflugzeug musste lange über der Stadt kreisen, bevor es landen durfte. Mein Vater war dermaßen aufgeregt, nach neun Jahren seine Frau und seinen Sohn wiederzusehen, dass er während des Landeanflugs in die Hose machte. „Ich scheiße auf das Scheiß-Wien", habe er sich in dem Moment gedacht – so erklärte er sich und uns diese Peinlichkeit.

Wir verbrachten die Sommerferien am Wörthersee und waren drei Wochen lang glücklich. Doch dann geschah das Unvermeidliche und Unverzeihliche: Vater kehrte zu seiner englischen Frau und in sein Londoner Leben zurück. Er arbeitete zunächst als Angestellter in der kleinen Kunsthandlung Lea Bondi-Jarays, die vor dem Krieg Inhaberin der bekannten Wiener Galerie Würthle war. Im Jahr 1947 hatte Vater sich jedoch selbstständig gemacht und mit einem ebenfalls aus Wien stammenden Bekannten, Kurt Levai, der sich anglisiert Frank Lloyd nannte, die Kunstgalerie Marlborough Fine Art gegründet, die rasch erfolgreich wurde. Levai kam aus einer Wiener Antiquitätenhändlerfamilie und hatte Vater bereits 1939 im Pioneer Corps der Britischen Armee kennengelernt, wohin beide sich freiwillig gemeldet hatten. Dort sagte Levai eines Tages zu meinem Vater: „Du, Heini, wir zwei machen einmal was zusammen, sobald der Hitler-Spuk vorbei ist, du hast so ein anständiges Gesicht!" Für den Namen Lloyd entschied er sich, als er sah, dass Bankfilialen in London so hießen. Da dachte er sich: Das passt! Marlborough Fine Art handelte vor allem mit impressionistischen und postimpressionistischen Bildern, zum Teil aus Paris importiert, zum Teil aus englischem Privatbesitz erstanden. Letztere hatten Lloyd und mein Vater nicht selten dem dritten Protagonisten der Galerie zu verdanken, dem aus englischem Hochadel gebürtigen David Somerset, dem späteren 11th Duke of Beaufort, den mein Vater als stillen Teilhaber in die Galerie gebracht hatte.

Meine Mutter litt unsäglich, als Heini nach jenen glücklichen Wörthersee-Wochen abgereist war, denn während dieser Zeit hatten meine Eltern ein gleichsam normales Eheleben geführt, und Mutter war sichtlich aufgeblüht. Kaum fuhr er ab, brach sie zusammen. Es war entsetzlich für sie und im Grunde auch für mich.

Vater lud mich ein Jahr später ein, die Ferien mit ihm und seiner Frau im französischen Kurort Aiguebelle zu verbringen. Enid, die ich bei dieser Gelegenheit kennenlernte, erschien mir von einer Hässlichkeit, an die ich mich nicht gewöhnen konnte. Auf unseren Spaziergängen ging ich immer einige Schritte voraus, um Enid nicht sehen und ihre mir unerträgliche Stimme nicht hören zu müssen. Wie mein Vater es zustande brachte, mit ihr zu schlafen, erschien mir unbegreiflich und ist mir bis heute, im Rückblick, nicht verständlich. Zu oft wird es wohl nicht geschehen sein, denn dazu hatte er eigentlich zu wenig Selbstverleugnung. In seinem Seelenrequisitenschrank lagen allerdings die abwechslungsreichsten Masken, die er bewundernswert zu tragen wusste. Heute charmant, morgen scheinbar entrüstet, plötzlich zeigte er konsequente Züge, dann wieder wurde er ruhig, lächelte bedächtig und milde. Aber wann war er wirklich er?

Während der Mittelschuljahre war ich oft krank und musste zuweilen ganze Wochen das Bett hüten. Heute denke ich, dass viele dieser Krankheiten wahrscheinlich hysterischer Natur waren. Durch die Abwesenheit meines Vaters und die dadurch evidente Zerrüttung unserer Familie fühlte ich mich zutiefst unglücklich und hatte wenig Freunde.

Einen Freund immerhin gab es, den Banknachbarn Adalbert Holik, Vorzugsschüler unserer Klasse. Er hielt mich auf dem Laufenden, brachte mir die Aufgaben in Mathematik, Deutsch und Latein nach Hause. Holik und ich heckten einmal einen Streich aus, als wir unter dem Namen des Klassenkameraden Alfred Kämmerer zwei surrealistische Gedichte an die Literaturzeitschrift *Neue Wege* sandten, herausgegeben vom *Theater der Jugend*. Sie waren voll spöttischen Inhalts und nur mit sparsamster Interpunktion versehen. Während einer meiner Abwesenheiten infolge Krankheit erhielt Kämmerer einen Antwortbrief der Redaktion und brachte ihn in die Schule. Obwohl die Gedichte nicht zum Abdruck angenommen worden waren, lehnten die *Neuen Wege* auffallend höflich ab. Es war ihnen entgangen, dass sie von uns zum Besten gehalten wurden. Die Texte gingen in der Schule von Hand zu Hand. Frau Noll, die Deutschprofessorin, soll im Konferenzzimmer Tränen gelacht haben. Besonders Kämmerer, der der Sache seinen Namen gegeben hatte, fühlte sich ungemein wichtig.

Ob es meine vielen Krankheiten waren, die mich zu einem Instrument machten, das besonders leicht in Schwingung geriet und sich dieser Schwingungen nicht erwehren konnte? Senecas Diktum „Die Sprache ist das

Kleid der Seele“ war damals einer meiner Leitsprüche. Ich las sehr viel, nicht nur die Klassiker, sondern auch Ernst Jünger oder die amerikanischen Schriftsteller John Steinbeck und Norman Mailer. Will Durants *Geschichte der Zivilisation* interessierte mich, meine Begeisterung galt aber auch und insbesondere der chinesischen Lyrik längst vergangener Epochen.

Ich begann als Sechzehn-, Siebzehnjähriger mit großem Ernst eigene Gedichte zu verfassen und gab diese ersten Skizzen Holik zu lesen. Er war erstaunt: „Es klingt modern, ohne surrealistisch zu sein.“ Das war aus seinem Mund beinahe schon ein Lob. Daraufhin sandte ich ein paar meiner Texte an jene *Neuen Wege*, dieses Mal unter meinem Namen. Eines davon, *Mondbilder*, wurde tatsächlich angenommen. Ich hatte geglaubt, dass es mir seltsam vorkommen werde, meinen Namen gedruckt zu sehen. Als ich den Beitrag in der Zeitschrift fand, nach einer Musikstunde in der Aula des Gymnasiums stehend, war das jedoch nicht der Fall. Aber fassungslos reagierte ich, als ich wenige Tage später auf dem Postweg fünfundzwanzig Schillinge überwiesen bekam.

Der damals über fünfundsiebzigjährige Dichter Felix Braun, in seinen jungen Jahren mit Hugo von Hofmannsthal befreundet, hatte die Emigration in England zugebracht und war ein Verehrer meiner Mutter. Ein großer, hagerer Mann, dessen Kopf dem eines Vogels glich – die Stirne fehlte fast ganz –, und manchmal bewegte er auch die Arme wie ein hilfloser Vogel, der aus dem Nest gefallen war. Mutter hatte ihm gegenüber erwähnt, dass ich zu schreiben begonnen hatte, und als wir im Pötzleinsdorfer Schlosspark spazieren gingen, bat er mich, mein Gedicht

Ismene vorzutragen. Ich tat es, auf einer Parkbank neben dem Lusthaus sitzend, nicht ohne Hemmung, erwartete weder Zustimmung noch Ablehnung. Er war so gütig und menschlich, dass mir jede Minute, die er sich mit mir befasste, bereits als Geschenk erschien. Zu meinem Erstaunen lobte er mit ehrlicher Anteilnahme meine frühen Gedichte.

In diese Zeit fällt meine allererste Liebe. Ich lernte Trixi in der Tanzschule des k.u.k. Rittmeisters Willy Elmayer-Vestenbrugg kennen, dessen 1919 gegründetes Institut weit über die Grenzen Wiens bekannt war. Es gehörte zum guten Ton, diese „Schule für Gesellschaftstanz und gutes Benehmen" als junger Mensch zu besuchen. Man tanzte Linkswalzer, mit weißen Zwirnhandschuhen („Immer die weißen Zwirnhandschuhe in der Rocktasche parat halten, meine Herren! Und überstreifen, bevor Sie auffordern!"), das war Vorschrift im Palais Pallavicini. Elmayer prüfte die Dauer des Linkswalzers mit der Stoppuhr. Er wollte sehen, wie lange man die Anstrengung durchhielt, ohne dabei umzufallen. Er rief „Hopp, hopp, hopp!", wenn wir uns zu langsam drehten. Aber ich ging gerne hin, weil Trixi dort anzutreffen war.

Trixi Polzer war das schönste Mädchen der Tanzschule. Da uns der Rittmeister stets nach der Körpergröße aufstellte, Buben auf der einen, Mädchen auf der anderen Seite, und Trixi ungefähr gleich groß war wie ich, fanden wir uns immer gegenüber. Ich tanzte nahezu ausschließlich mit ihr, und nach dem Unterricht erlaubte sie mir, sie auf dem weiten Weg bis zu ihrem Zuhause zu begleiten. Es gab nicht den leisesten Ansatz eines Kusses zwischen uns, und dennoch wurde meine Liebe zu ihr stets heftiger.

Kaum ein halbes Jahr, nachdem ich mich in sie verliebt hatte, hieß es, Trixi liege im Spital mit Verdacht auf Leukämie und habe bereits eine Bluttransfusion erhalten. Ich konnte es nicht glauben, denn sie sah immer so blühend aus. Bereits vier Wochen später lag sie im Sterben. Die Ärzte erwarteten ihren Tod, und ihre Eltern wachten Tag und Nacht an ihrem Bett im Lainzer Spital. Man verabreichte ihr die neuesten amerikanischen Medikamente, flehte die besten Ärzte um Rat an. Trixi lag in dauerndem Morphiumschlaf.

Ihr Tod im Sommer 1951 war ein maßloser Schock für mich. Sie war ein so feinfühliges Wesen, wie ich es noch bei keinem Menschen erlebt hatte, welches ihr erlaubte, ein Lachen im richtigen Augenblick abzubrechen oder eine Befangenheit nicht auszunützen, wie es Backfische für gewöhnlich tun. Diesen ihren Charakter konnte man fühlen, wenn man nur neben ihr einherging. Eine sanfte, kaum begonnene Neigung war zu einer Liebe geworden, die durch ihre Unerfüllbarkeit leidenschaftlich-qualvoll und süß zugleich war. Unmittelbar nach Trixis Tod legte ich ein Gelübde ab: Nie wieder würde ich mich verlieben!

Die Matura im Sommer 1953 empfand ich als größte Befreiung und Erleichterung. Bei der mündlichen Deutschprüfung wollte Frau Professor Noll mit mir, ihrem Lieblingsschüler, über Friedrich Nietzsches Bedeutung für die literarischen Bewegungen der Folgezeit diskutieren. In der Aufregung konnte ich ihr das Fremdwort „Hybris“ nicht erklären. Daraufhin bestand der Vorsitzende, Landesschulinspektor Hofrat Figdor, ein nach Wien zurückgekehrter Emigrant, darauf, mir lediglich ein

„Gut“ statt eines „Sehr Gut“ zu geben. Figdor war klein und unansehnlich, trug einen wenig gepflegten Anzug und richtete seine Augen nie auf das Gegenüber. Als ich keine Antwort wusste, trieb er mich mit Zynismus immer weiter in die Enge: „Bleiben Sie beim Tatsächlichen!“ Frau Professor Noll zog sich zu einer Besprechung mit dem Hofrat zurück, um ihn bezüglich meiner Note umzustimmen. Es hieß, sie habe geweint, als sie einsehen musste, dass es ihr nicht gelingen würde. Dr. Figdors Unwillen hatte, so glaube ich rückblickend, noch einen anderen Grund, den ich damals nicht begriff. Nach meinen Leseinteressen gefragt, erwähnte ich meine Vorliebe für Ernst Jünger und gab mich insbesonders von dessen *Pariser Tagebuch* begeistert. Der jüdische Herr Hofrat, der Jünger mit Sicherheit dem Nationalsozialismus zuordnete, hat vermutlich deshalb meine Maturanote hinuntergestuft.

Ich bestand die Matura in allen Fächern, außer in Mathematik. Da ich für eine Zwischenlösung keine zureichende Erklärung geben konnte und daraus Schwindelei ersichtlich wurde, erwartete mich, auf gut Wienerisch, ein Nachzipf. Ich hatte tatsächlich abgeschrieben, und das noch dazu entsetzlich ungeschickt. Doch nach der zweiten Prüfung war es endlich so weit. Die Maturafeier fand im Wirtshaus „Zum Weißen Hirschen“ in Neuwaldegg statt. Mitgebrachte Schnäpse wurden ausgepackt. Bald waren nahezu alle vollkommen betrunken. Für manche war es ihr erster Rausch.

Zeisl, ein sonst stiller, blasser Kamerad, kam unzählige Male auf mich zu und rief immer wieder aus: „Du, Fischer, jetzt hamma maturiert!“ Darauf brach er in lautes

Gelächter aus. Immer lauter, immer glückseliger: „Du, wir haben jetzt maturiert – du, wir haben jetzt maturiert!"

Zum Schluss übergaben sich die meisten. Der Wirt forderte daraufhin von den einzig Nüchternen, von Holik und mir, eine große Summe Reinigungsgeld.

Am nächsten Morgen durfte man die Zeugnisse abholen. Viele erschienen mit totenbleichen Gesichtern. Ich schied ohne ein Gefühl der Wehmut. Anton Wildgans schreibt in seiner Biografie, das Unglück seiner Schulzeit habe ihn dazu getrieben, in selbstmörderischer Absicht mit dem Lauf einer Pistole zu spielen. Trotz ihrer Entsetzlichkeit kamen auch mir zuweilen solch elende Gedanken in den dunkelsten Stunden mancher Nächte.

Zwei Jahre später, am Tag der Unterzeichnung des Staatsvertrages, bin ich nicht in den Belvederegarten gegangen, um Figl, Raab, Molotow und Dulles, Macmillan und Pinay zuzuklatschen. Ich habe das denkwürdige Figlwort „Österreich ist frei!" aus erster Hand versäumt, denn ich unternahm mit meiner ersten Freundin Ulli Braun, der Nichte von Felix Braun, einen Ausflug in den Wienerwald, genauer gesagt, auf den Nussberg. Während sich unten in der Stadt Welthistorisches vollzog, haben wir bei einem kleinen Heurigen ein Glas Wein nach dem anderen getrunken und sind dann Hand in Hand, ohne einen Gedanken an die Schicksalsträchtigkeit des Tages, ins Tal hinabgestiegen. Bei einbrechender Dunkelheit war unser einziges Sinnen auf das Erspähen einer Zaunlücke entlang der eingefriedeten Weingärten gerichtet, weil wir uns hier und jetzt lieben mussten. Es erfüllt mich noch heute mit Stolz, dass ich einen wichtigen Tag meiner

Jugend nicht mit der Anhimmelung von Staatsmännern zweifelhafter Moralität (man denke nur an Molotow) verschwendet habe. Während die schwarzen Federn zur Unterzeichnung des Staatsvertrages herumgereicht wurden, habe ich meinerseits Vorbereitungen getroffen, um hoch über Wien neben einem Weinstock Liebe zu machen.

Studentenleben in Freiburg und Paris

Kaum hatte ich die Matura in der Tasche, erhielt ich von meinem Vater aus London ein seitenlanges Traktat mit dem Titel *Gedanken zur Erreichung größtmöglicher Selbständigkeit.* Er warnte mich davor, in Lethargie zu verfallen, riet mir, niemals auf Schlagworte zu hören, vor allem aber aus der Provinzialität Österreichs in die Welt auszubrechen, ja gar zu fliehen: „Ich sähe Dich lieber als Schuhputzer am Piccadilly Circus als in der Rolle eines österreichischen Ministers", schrieb er. Materielle Sicherheit sei die Grundlage fürs Glück, betonte er und ließ mich wissen, er warte ungeduldig auf exakte Vorschläge zu meiner Berufswahl.

Ich hatte nicht die geringste Idee, was ich werden wollte, ich wusste nur: Das ideale Studium wäre die Deutsche Literatur. Felix Braun bestärkte mich darin. Als ich ihm während eines Spaziergangs mitteilte, von Vaters Worten beeinflusst, dass ich durch meinen Beruf Sicherheit gewinnen möchte, blieb der Dichter ruckartig stehen: „Das sollten Sie nicht sagen!" Ich müsse doch eher noch eine Zeit zuwarten, ob mein dichterisches Talent stark genug sei und erst dann alles danach ausrichten.

Vater setzte sich sehr bald durch: Aufgrund der wachsenden Wichtigkeit der Marlborough Fine Art in der Old Bond Street, hielt er es für unbedingt ratsam, dass ich Kunstgeschichte studierte. Falls ich eines Tages in sein Geschäft eintreten wollte, was ihn besonders freuen würde, wäre ich mit einem solchen Studium in idealer Weise vorbereitet. Außerdem war die bildende Kunst in unserer Familie gleichsam schon verankert, da meine Mutter über Theophil Hansen, den dänisch-österreichischen Ringstraßen-Architekten, dissertiert hatte.

Ich inskribierte also an der Wiener Universität Kunstgeschichte und im Nebenfach Archäologie, studierte bei dem damals berühmten, aus Prag stammenden Kunsthistoriker Professor Karl Maria Swoboda. Er sprach mit böhmakelndem Sprachklang, seine abstehenden Ohren saßen auf einem monumentalen Glatzenschädel. Ich habe ihn nicht geliebt, zeitweilig sogar gehasst, auch die unnahbare Ordinarienherrlichkeit störte mich. Aber ich lernte viel bei ihm, sammelte in seiner strengen Schule reichlich faktisches Wissen an, auch wenn er nicht der Vaterersatz wurde, den ich wahrscheinlich gesucht habe. Swoboda ist schuld daran, dass ich eine lebenslange Abscheu davor habe, das einzelne Kunstwerk einer Theorie oder einer sogenannten historischen Methode unterzuordnen. Swoboda war zwar kein begeisterter Nationalsozialist – er trat der NSDAP niemals bei –, dennoch fühlte er sich in mancher Hinsicht der Ideologie Hitlerdeutschlands verbunden. Ein dunkler Fleck in der Biografie war seine im KZ ermordete jüdische Frau. Kurz vor dem Einmarsch Hitlers in Prag trennte er sich von ihr, und so war sie – wenn auch ohne sein direktes Verschulden – den Nazischergen preisgegeben.

Das vierte Studiensemester verbrachte ich in Freiburg im Breisgau bei dem sehr geschätzten Kurt Bauch. Dieser Professor, ein weltbekannter Rembrandtspezialist und mit Martin Heidegger gut befreundet, war sehr wohl Mitglied der Partei, aber ich mochte seinen Zugang zur Materie um so vieles lieber als jenen Swobodas, der mit seinen Studenten im Grunde nicht kommunizieren konnte. Bauch ging immer vom Einzelwerk aus, mit dem er ein Jahrzehnt, ja eine Epoche, verständlich zu machen versuchte, während Swoboda von der Epoche ausgehend die großen Bögen der Weltgeschichte gleichsam als „Behälter“ für die Einzelobjekte betrachtete.

Professor Bauch ähnelte einem Gnom, tiefer Haaransatz, Scheitel in der Schädelmitte. Manchmal schaute er wie eine alte Tante über seine Brille, sprach besonders langsam und dazu noch mit eingeschobenen, peinlichen Pausen. Sein Deutsch war mit einem mir fremden norddeutschen Akzent gefärbt. Ein alter Marineoffizier, vielleicht kam von daher seine Zähigkeit… Als er uns in Amsterdam durch das Rijksmuseum führte und uns vor jedem der ausgestellten Rembrandtgemälde Vorträge hielt, konnte er fünf Stunden lang von Bild zu Bild wandern, ohne ein einziges Mal zu rasten. Allein vor der „Nachtwache“ verbrachten wir mehr als eine Stunde. Genauso eindringlich und meisterlich konnte er über moderne Architektur sprechen. In Ronchamp, im nahgelegenen Elsass, führte er uns während einer Seminar-Exkursion in die Besonderheiten der Kapelle *Notre-Dame-du-Haut* ein, die Le Corbusier erst wenige Jahre zuvor fertiggestellt hatte.

Die Monate in Freiburg empfinde ich noch heute als eine goldene Zeit. Ich brauchte nur einen Tag dort zu sein, und schon fiel alle Nervosität von mir ab. Die Universität und auch die Stadt gefielen mir ungemein. Ich hätte am liebsten bleiben und promovieren wollen, doch meine liebe Mutter bat den Knaben Wolfgang, der kein Knabe mehr war, sondern ein über zweiundzwanzigjähriger Mann, zurückzukehren, sie vertrage es so schwer, in Wien allein zu sein und fürchte gar, mich zu verlieren. Sie überredete mich, das Studium in Wien abzuschließen, nicht zuletzt, da sie mich gewissermaßen als ihren Ersatzgatten empfand.

Zuvor ging ich im Herbst 1956 mit Professor Bauch und meinen Kommilitonen noch auf Studienreise nach Rom und in die Toskana. Eine Reise, die mir insbesonders wegen eines Liebesabenteuers und nicht so sehr wegen der zahlreich besuchten Kunstschätze in Erinnerung blieb. Meine damalige große Liebe hieß Annemarie Meixner. Sie stammte aus Würzburg, hatte aber aus Gründen der antigermanischen Neurose der deutschen Studenten nach 1945 den alttestamentarischen Namen Ruth angenommen. Im Florenzer Franziskanerkloster schmuggelte ich sie im Dunkeln in meine Zelle. Wir tasteten uns bis zum Bett vor und begannen, uns zu umarmen – und weit mehr als das. Als wir den Höhepunkt erreichten, lockerte sich über uns plötzlich ein hölzernes Riesenkruzifix. Es stürzte mit Getöse auf unsere umschlungenen Körper – wie ein Zeichen des Himmels.

Das Studium gewann nun wieder die Oberhand. Ich kehrte zur Freude meiner Mutter für ein Jahr nach Wien zurück, um die sogenannte Zwischenprüfung abzulegen, die sehr schwer war, weil Professor Swoboda beabsichtigte, die Unbegabten auf diese Weise loszuwerden. Wenn man die Prüfung geschafft hatte, konnte man sein Dissertationsthema wählen.

Kurz vor meinem Abschied von Freiburg hatte mir Professor Bauch eines Tages die Zeichnung eines mir unbekannten französischen Barockmalers des 17. Jahrhunderts, eines Zeitgenossen von Nicolas Poussin, gezeigt. Sie war von Claude Vignon aus Tours. Ein Name, der auch heute kaum bekannt sein dürfte. Selbst unter Kunstexperten stößt man meist auf mageres Interesse. Ich aber setzte es mir in den Kopf, ausgerechnet über diesen französischen Kleinmeister zu arbeiten, zu Mutters großer Enttäuschung, denn das französische Promotionsthema legte nahe, mein Studium in Paris fortzusetzen. Vater wiederum begrüßte diesen Schritt nachdrücklich, da er der Meinung war, ich müsse die französische Sprache beherrschen, sollte ich eines Tages für seine Galerie arbeiten.

„Du musst gut Französisch können“, sagte er oft, „weil mein Partner sich dauernd aufspielt. Er stiehlt mir immer die Show, er spricht nämlich perfekt Französisch, das hat er in Wien an der Handelsakademie gelernt.“ Mein Vater hingegen musste – in London angekommen – auch das Englische erst mühsam erlernen.

In Paris wohnte ich ein Jahr lang im gerade neu eröffneten Deutschen Haus in der Cité Universitaire im Süden der herrlichen Stadt, besuchte Vorlesungen an der Sorbonne und recherchierte in den Bibliotheken zum Thema Vignon, das ich rückblickend als elenden Entschluss erachte. Man sollte für eine Dissertation keinen Kleinmeister wählen, sondern ausschließlich über große Namen schreiben, über Michelangelo oder Rembrandt, im Idealfall natürlich über ein Detail, das noch niemand bearbeitet hat. Ich musste die Arbeit trotzdem vorantreiben, wenn ich eines Tages meinen Doktortitel erlangen wollte und reiste nicht selten durch die Provinz auf der Suche nach Kirchen, Schlössern, Museen, die Werke Vignons beherbergten.

In London suchte ich den Kunsthistoriker Sir Anthony Blunt auf, um mich für meine Doktorarbeit beraten zu lassen. Er galt als exzellenter Kenner Vignons, war der wichtigste Kunstsachverständige der Queen und leitete ihre Gemäldesammlung. Ich traf ihn im renommierten Courtauld Institute, dessen Direktor er war, ahnte aber nicht, warum er so besonders freundlich zu mir war. Erst Jahre später erfuhr ich von seiner Homosexualität, zugleich mit der äußerst überraschenden Enthüllung, er sei als Mitglied der „Cambridge Five" über Jahrzehnte ein sowjetischer Geheimagent gewesen.

Die Thematik meiner Doktorarbeit ödete mich an, und ich sah auch nicht, wie ich jemals mehr als vierzig Schreibmaschinenseiten füllen könnte, viel zu wenig für eine Dissertation. Verglich ich etwa Caravaggios Matthäus-Marter mit den Bildern Vignons zum selben Motiv, ging die Feder nur mühsam übers Papier. Selbstvorwürfe begleiteten mich nahezu täglich sowie ein grundlegender Zweifel an meiner wissenschaftlichen Begabung. Wie schade: Erst Jahre später erkannte ich, dass Vignon in Wirklichkeit keineswegs eine uninteressante Figur innerhalb des Kunstbetriebs des 17. Jahrhunderts gewesen war. Als geschickter Epigone erkannte er vielmehr mit scharfem Blick, was zu seiner Zeit modern war.

Auffallend war in Frankreich für mich die Kälte der Franzosen gegenüber Fremden. In der Grande Nation herrschte eine Art Freiheit des Sich-nicht-Kümmerns-um-den-Anderen. Wenn ich an die ersten Wochen in Paris denke, glichen sie einem Eiswasserbad. In dieser Zeit durchlebte ich meine erste richtige, wenn auch äußerst komplizierte Beziehung. Branka Gvozdanovi, meine sehr hübsche damalige Freundin, eine Kroatin dalmatinischer Herkunft aus Split, studierte in Paris die Behandlung und den Umgang mit taubstummen Kindern. Branka verlangte, bald zu heiraten, sonst würde sie sich für immer verabschieden, ich aber empfand mich dafür als viel zu jung.

Eines Abends brach sie in einem schäbigen Hotelbett in Schluchzen aus, stoßweise, aber fast tränenlos, und ihr Körper wand sich in Krämpfen. Die zu Ende gehende Liebe war schwer zu ertragen. Langsam nahm ich Abschied von Branka, die Wasser der Langeweile stiegen höher und höher und hatten bald alles überflutet. Ich wollte die Haut wechseln oder über den nächsten Graben in eine neue Freiheit springen. Ich vergrub mich in Arbeit, die mir aber oft wie eine Sackgasse vorkam oder mir das Gefühl vermittelte, als würde ich auf einem Pudding spazierengehen.

Während des Sorbonne-Jahres nahm ich Kontakt zum verehrten Dichter Paul Celan auf, der mich in seine kleine Pariser Wohnung einlud. Während unseres Gesprächs entstanden immer wieder lange Pausen, die ich nur schwer zu überbrücken wusste. Nach einer Weile sprach ich wertschätzend von Gottfried Benns Lyrik. Daraufhin stand Celan auf, ging mit versteinerter Miene zum Bücherschrank und zog einen dünnen, blauen Band mit Benns Prosa hervor, der noch zu Zeiten der „Tausendjährigen Herrschaft“ publiziert worden war. Er reichte mir das Büchlein mit den Worten: „Lesen Sie das!“ Celan wollte mir beweisen, welch begeisterter Nationalsozialist Benn war. Ich habe das nicht gern gehört, schämte mich gar für Benn, denn ich zählte ihn zu den sieben großen deutschen Lyrikern des Jahrhunderts – neben Brecht,

Loerke, Rilke, Trakl, George. Der siebente hieß für mich Paul Celan.

Um ein wenig Geld zu verdienen, trat ich als Statist in einem Spielfilm auf: *Babette zieht in den Krieg (Babette s'en va-t-en guerre)*. In den Baracken eines Militärflugplatzes am Ufer der Marne, etwa eine Autostunde von Paris entfernt, steckte man uns, zwei Dutzend Studenten, die in der Maison de l'Allemagne wohnten, in Nazi-Uniformen. Durch die Verkleidung und Maskierung fühlte ich mich augenblicklich in einen deutschen Wehrmachtssoldaten verwandelt, den es in eine Glücksritter- und Goldgräber-Atmosphäre verschlagen hatte. Die Hauptdarstellerin, Brigitte Bardot, saß, auf ihren Auftritt wartend, an einem Kantinentisch beim Frühstück, zwischen ihren Bissen von den pausenlosen Küssen eines Schauspielers unterhalten.

Die Szene, die mit uns gedreht wurde, war denkbar simpel: Ein Trupp deutscher Besatzungssoldaten marschiert um eine Straßenecke. Eine Französin kreuzt mit einem Koffer ihren Weg. Der Feldwebel nimmt ihr den Koffer aus der Hand, fragt, wohin sie denn wolle. Und als sie Paris als Reiseziel angibt, zwinkert er seinen Kameraden zu. Er erhofft sich ein Abenteuer. Während der Proben schlüpfte ein unansehnliches Double in giftgrünen Cordhosen in die Rolle der Bardot. Der Star wartete im Auto, schminkte sich noch, ließ sich weiter küssen, damit die Zeit rascher verging. Erst als alles einwandfrei klappte, wurde sie von Christian-Jaque, dem Regisseur, vor uns, die wartende deutsche Kompagnie, gestellt.

Bardot schürzte die Lippen, die Deutschen zogen singend los, und einer meiner Mitbewohner aus dem Deutschen Haus, der Pianist Poppenberg, als Landser verkleidet, rief in einer Gesangspause aus der ersten Reihe laut und deutlich ins Mikrophon: „Die hat ’nen duften Arsch!“ Im Lauf des Nachmitttags hatte ich die Nase bereits voll von den Filmaufnahmen, nahm dann aber das Lohnkuvert mit zehntausend (alten) Francs am Abend gern entgegen.

Der letzte Tag mit Branka vor meiner Rückkehr nach Wien: Das kahle Zimmer in der Cité Universitaire sah wie eine geleerte Schachtel aus. An der Tapete hinter dem Bett – der Fleck vom Wetzen meiner Haare. Die Stecknadellöcher in den Wänden, die noch anzeigten, wo die Landkarten und Ausstellungsplakate hingen. Draußen kalter Regen, das alte Bettzeug auf der weißen Tischplatte und im Fach schon die neuen Bezüge für den nächsten Residenten. Die Flasche Calvados am Nachttisch. Mut antrinken? Das alte Bettzeug noch einmal aufbreiten, faire l’amour und dann Abschied nehmen, dazwischen einige Schlucke Calvados. Später das Stoßzeitgedränge in der Metro. Die vom Regen durchnässte Kleidung am Körper. Am Gare de l’Est noch schnell ein paar Schinkenbrote und Orangeade besorgen. Angst vor Worten. Stattdessen Umarmungen.

„Ich wollte dir noch so viel sagen. Es … geht nicht“, flüsterte Branka.

„Wir werden einander schreiben, viele lange Briefe!“, entgegnete ich.

Durchsickern ihrer Tränen: „Wir werden unsere Paris-Zeit nicht vergessen, nie.“

Fünf Minuten vor der Abfahrt kam ein Freund zu mir an den Zug, um Adieu zu sagen, ein Studienkollege, dadurch ließ sich die Abschiedsnot ins Kameradschaftliche wenden. Handzeichen: Schreibe Briefe, lange Briefe! Das Regenwasser tropfte von den Waggondächern, unwillkürliches Einziehen des Kopfes. Endlich fuhr der Orientexpress aus der Bahnhofshalle. Im obersten Bett des Couchette-Abteils löschte ich das Licht und schob mir ein Stück Schokolade in den Mund.

Als Branka nach Split und zu ihrer Familie zurückgekehrt war, wurde sie ruhiger. Sie fand in Agram ein kleines Zimmer und arbeitete wieder an der Fakultät. Der Abschied hat unsere Beziehung dann doch nicht durchtrennt. Wie sehr man sich täuschen kann! Bald sprachen wir in unseren Briefen vom Wiedersehen.

Die Rückkehr nach Österreich im Frühjahr 1959 kam mir wie die Übersiedlung aus einer Hochdruckkabine in eine Unterdruckkabine vor. Ein seltsames Spieluhrgefühl beschlich mich, als wäre das Pariser Jahr nur eine Stunde gewesen, die jetzt schlug und die immergleichen Figuren in Bewegung setzte. Rückkehr – aber die Überzeugung, stärker geworden zu sein. Meine Betroffenheit war groß, als die Berge auf der Fahrt von München nach Salzburg immer näher kamen. Die vielen einander widersprechenden Gefühle beim Grenzübertritt. War das Heimwehösterreich vielleicht nur ein Traumösterreich? Mit seltsamer Bangigkeit bemerkte ich, dass ich wieder in jenem Land war, wo mir die leisesten Abstufungen im Tonfall der Sprache nicht ohne Bedeutung blieben. Ich war wieder in dem Land, dessen seltsames Schicksal mir wie ein schön gebogener Dorn im Fleisch saß und an dem ich litt wie an einer großen Liebe.

Wien löste auch ein Balkangefühl in mir aus. Die verstaubten und verschwommenen Ladenaufschriften, die grauen Straßen kamen mir abgetretener, jedenfalls geschichtsgeladener vor als irgendwo sonst in Westeuropa. Aschgraue, traurige, bekümmerte, hoffnungslose Gesichter begegneten mir, Gesichter, wie ich sie in Frankreich nirgendwo gesehen hatte, nie frech oder böse, nie lebensbegehrend wie in Paris, sondern einfach nur resigniert. Die unübersehbare Zahl der Alten, Gebrechlichen, die an den ersten warmen Tagen aus ihren schäbigen Wohnungen hervorquollen und, den Stock zwischen den Beinen, stumm auf den Bänken im Stadtpark saßen. Das Vertraulich-Tun und Persönlich-Werden in den Geschäften, in der Straßenbahn, überall. Man wurde ausgezogen bis aufs Hemd. In Paris konnte man zwar verrecken, durfte aber sein Geheimnis überallhin mitnehmen, und jeder achtete es. In Wien entreißen sie einem alles, noch bevor man es selbst kennt. Sogar Mutters ekstatische Freudenausbrüche, mich endlich wieder zu Hause zu wissen, ließen mich an ihrer ehrlichen Ergriffenheit zweifeln.

Mit aller Konzentration widmete ich mich meiner Dissertation, die ich im Sommer 1959 endlich bei meinem Doktorvater Professor Swoboda ablieferte. Es war ein drückend heißer, dumpfer Julinachmittag, der Himmel bedeckt und lastend. Swoboda saß in Hemdsärmeln in seinem Arbeitskabinett, von dessen Fenster der Blick auf Votivpark und Votivkirche ging. Er blätterte die Mappe mit den losen Maschinschreibseiten an und brummte:

„Wie viele Seiten sind's denn?"

„Hundertundzehn, Herr Professor!"

Der Überdruck wich. Ich hatte große Sehnsucht nach ganz normalen Situationen, zum Beispiel ein bewältigtes Lebensstück mit seinem Mädchen zu feiern. Dann aber begann die unruhige Wartezeit, bis Swoboda meine Dissertation über *Claude Vignon als Maler* gelesen hatte.

Nach Wochen ließ mich der Universitätsprofessor in sein Arbeitszimmer rufen, zeigte auf den Delinquenten-Lehnstuhl (so genannt von den Prüflingen) neben seinem Schreibtisch: „Nehmen Sie Platz!" Die Arbeit zeige, meinte er, was er schon gewusst hätte: dass ich Begabung für Einzelbeobachtungen und Formulierungen hätte, meine Schwäche läge jedoch in der Synthese, im Überbau, in der eigentlichen wissenschaftlichen Systematik. „Ein großer Kunsthistoriker werden Sie nicht", sagte er lächelnd in seinem breiten Prager Deutsch. „Sie werden einmal ein guter Kenner, mehr nicht. Trotzdem werden wir die Arbeit passieren lassen." Er drückte mir freundlich die Hand, gab mir die gelbe Mappe mit dem Manuskript zurück und entließ mich. Das Zweifelsjahr war durch diesen äußeren Erfolg zu einem positiven Jahr geworden, aber die Gefühlsqualle, die Seelenschnecke in mir war inzwischen zu einem festen Krustentierchen geworden, stachelig und mit vielen Gängen.

Nun blieb mir noch die allerletzte Prüfung. Ich hatte sie jahrelang vor mir hergeschoben, und jetzt war sie nicht mehr zu umgehen: das Nebenfach *Geschichte der Philosophie und ihre Grundbegriffe*. Als ich wartete, in den Prüfungsraum vorgelassen zu werden, begann ich aus Langeweile mit einer jungen Frau zu sprechen, vielleicht sogar zu flirten, die ebenfalls hier wartete und mir besonders gut gefiel. Um mich beliebt zu machen, sagte ich: „Frau Kollegin, ich muss noch studieren, bevor ich geprüft werde, gehen Sie doch ruhig zuerst hinein, und ich gehe dann nach Ihnen.“

Zwanzig Minuten später kam sie strahlend heraus; sie war mit einem „Sehr Gut“ bedacht worden. Bevor nun ich den Prüfungsraum betrat, bat ich die Unbekannte: „Warten Sie doch auf mich, vielleicht gehen wir nachher einen heben?“

Der Philosophieprofessor Erich Heintel ließ mich um ein Haar durchfallen, so schlecht war ich vorbereitet, er starrte mich nur an und murmelte dann: „Ich gebe Ihnen ein ‚Noch Genügend‘, aber nur, damit ich Sie nie wieder sehen muss!“ Als ich den Raum verließ, saß die hübsche Kollegin tatsächlich noch da. Sie hatte gerade ihr Romanistik-Studium mit einer Dissertation zum Thema *Das atheistische Postulat bei Albert Camus* abgeschlossen, und noch am selben Nachmittag spürte ich in mir das Bedürfnis, mit dieser Unbekannten mein Leben verbringen zu wollen.

Amerika, hast du's besser?

Mein Vater hatte während meiner Studienjahre bereits zum dritten Mal geheiratet. Seine zweite Frau, Enid Parker, mit der er laut eigener Aussage nach der Hochzeit bloß ein einziges Mal geschlafen hatte, beging Selbstmord. Als er eines Morgens ihr Zimmer betrat, lag sie tot im Bett und ein Zettel auf der Brust, auf dem geschrieben stand: „Freedom for Harry!" Ein Suizid wohl aus Gründen der Eifersucht. Enid war Harry nämlich auf die Schliche gekommen, dass er in Berlin, auf einer seiner vielen Geschäftsreisen, eine Frau kennengelernt hatte, in die er sich augenblicklich verliebt hatte.

Elfriede Lemmer, um Jahre jünger als mein Vater, entstammte einer Berliner Verlegerfamilie. Es umgab sie die kühle Schale einer Norddeutschen. Wenn man ihr die Hand reichte, bog sie sie beim Gruß im Handgelenk ab, der Arm blieb steif. Sie hatte lange, knöcherne Finger, die sie beim Handschlag zu einer rechtwinkeligen Scheidewand zwischen sich und dem Gegenüber krümmte. Die Schwingungen unserer Gefühlspendel ließen sich nicht miteinander kombinieren. Ich bemühte mich trotzdem redlich, Elfriede zu respektieren, denn sie schien die große Liebe meines Vaters zu sein.

Kaum hatte ich promoviert, erwartete er, ich würde gleichsam über Nacht nach London ziehen und in die Marlborough Fine Art Gallery in der Old Bond Street eintreten. Sogleich versuchte er auch, mich in seine und Frank Lloyds Geschäfte einzuweihen. Noch aber war ich keineswegs entschlossen, seinen Wünschen nachzugeben. Er akzeptierte zu meiner Erleichterung einen Gegenvorschlag, zunächst einmal ein Forschungsstipendium der Bostoner Eliteuniversität Harvard anzunehmen: „Das wird dich für Marlborough Fine Art sogar noch wertvoller machen", lenkte er ein, „dann engagieren wir dich in einem Jahr nicht für eintausend, sondern gleich für zweitausend Pfund."

Jutta, die Kollegin, und ich waren inzwischen ein unzertrennliches Paar geworden. Ich musste allerdings Branka, die mich in Wien besuchen kam, endgültig gestehen, dass ich sie nicht heiraten könnte. Der mitternächtliche, endgültige Abschied am damaligen Wiener Südbahnhof war dennoch schmerzlich für uns beide. Erst Jahre später sollte sie mir wieder einen Brief schreiben. Sie war nach Indien ausgewandert und arbeitete dort als Professorin für taubstumme Kinder.

Während eines längeren Londonaufenthalts bei meinem Vater erfuhr ich, dass Jutta schwanger war. Der Amerika-Plan musste bis auf Weiteres verschoben werden. Ich entschied, zunächst nach Wien zurückzukehren und die Mutter meines künftigen Kindes zu heiraten. Vater und Elfriede reagierten ungläubig, ja sogar wütend auf meinen Entschluss. Elfriede legte die *Sunday Times* zurück auf die Knie, während Vater mit zurückgeschobener Unterlippe sagte: „Also Wolfgang muss zurück nach Wien."

„Nein, das ist doch ein Spaß!", gab Elfriede zurück.

„Im Ernst … Jutta ist in guten Umständen", seufzte Vater. Es sei die größte Enttäuschung seines Lebens, ließ er mich zugleich wissen, sollte ich wegen Heirat, Jutta und dem Kind in Wien bleiben, statt nach Amerika zu reisen, oder besser, gleich bei Marlborough anzufangen. „So kannst du mich doch nicht hintergehen! Gut, bleib nur ruhig in einer lächerlichen Dreizimmerwohnung, schau blödsinnig zum Fenster hinaus und trink deine Wiener Melange in dummer Gemütlichkeit!“, schimpfte er. Die Welt stünde mir offen, ich aber würde mein Leben mutwillig selbst zerstören. Wenn ich nichts aus mir machen wolle, die Gelegenheit nicht ergreife, die er mir biete, dann sollte ich doch Museumskustos werden. Aber dann sei es aus zwischen ihm und mir.

Mit einem Mal schien er es sich jedoch überlegt zu haben und schlug mir dann das Gegenteil vor: „Fahr ruhig nach Wien, mach deine Hochzeit, danach aber trete dein Stipendium am Fogg-Museum in Harvard an!“ Er würde einstweilen für meine Wiener Menage aufkommen. Ich sollte ihm sofort das Versprechen geben, dass ich innerhalb von zehn Tagen heiraten und danach nach Amerika aufbrechen würde. Ich bat ihn zu bedenken, dass ich die Meinung Juttas und ihrer Familie abzuwarten habe. Das trieb die väterlichen Feuerwerke zu erneuten Explosionen an. Er wüsste schon lange, dass ich mich für seine Arbeit, für seinen Kunsthändlerfleiß, für seine Welt nicht interessiere, er werde es mir vergelten, wenn ich mich in ein Museum verkrieche. Dann würde er nur einen kleinen Beitrag zu meinem Lebensunterhalt leisten.

Elfriede befeuerte Vaters Wutausbruch auch noch: „Wenn du jetzt nicht nach Amerika fährst, bist du ein Schwächling. Wenn du bei uns zu Besuch bist, merkt man dir deine wahren Gedanken meist nicht an, und hinter unserem Rücken stößt du uns immer irgendwie das Messer hinein.“

Ich kehrte nach Wien zurück und suchte bei Juttas Eltern um die Hand ihrer Tochter an. Danach musste sie sich allerdings noch einer großmütterlichen Inquisition unterziehen: „Jutta, komm, ich muss mit dir reden! Liebst du ihn?“

Bruder Rainer grinste breit und antwortete ungefragt: „Und wie!“

Großmama Berta forderte das Unmögliche: „Wirst du glücklich werden?“ „Wo werdet ihr leben? Wovon werdet ihr leben?“ Und ganz unvermittelt: „Versprich mir: Nur keine Kinder! Das ist doch entsetzlich, um Gottes willen!“

Hierauf die bereits im dritten Monat schwangere Enkelin: „Ich will aber Kinder!“

Die Großmutter brach dann das Gespräch mit den Worten ab: „Ich verstehe das alles nicht mehr!“

Ein unwilliger Standesbeamter im dritten Wiener Gemeindebezirk, ein Hüne mit kurzen Wurstfingern und stumpfen, schwarzen Augen, fuhr mich an: „Was, am Dienstag nach Ostern wollen S’ heiraten, in einer Woche also! Was glauben S’ denn?“ Und in den Amtston verfallend: „Erfahrungsgemäß ist am Dienstag nach Ostern besonders viel zu tun. Nach drei Feiertagen wird enorm viel aufgelaufen sein, fünfzig Todesfälle mindestens, dazu Hochzeiten, die schon vor Ihnen aufgeboten wurden. Ja, glauben S’ denn, wir können mit den Hochzeiten im Kreis gehen? Übrigens gibt es Leute, die sind seit über zwanzig Jahren z’samm und dann wollen S’ akkurat an einem der nächsten Tag’, womöglich ein Feiertag, heiraten, womöglich noch im eigenen Haus, also zusätzliche Arbeit durch eine Haustrauung, wo kommen wir denn da hin?" Daraufhin suchte mein künftiger Schwager den zuständigen Magistratsbeamten auf und präsentierte ihm die Visitenkarte meines künftigen Schwiegervaters, eines bekannten Juristen, und bemerkte: „Unser Vater hat größtes Interesse, dass der frühere Termin eingehalten wird."

Wir heirateten schließlich einen Monat später, am 5. April 1961, in der Wallfahrtskirche Mariazell. Mein Vater war nicht dabei. Er traute sich nicht, seiner Frau zu sagen, dass er an der Hochzeit seines Sohnes teilnehmen wolle: „Nein, das kann ich dem Elfriedchen nicht antun." Eine Woche vor der Eheschließung täuschte er eine Geschäftsreise vor, um die Braut wenigstens zu begutachten. Danach fuhr er gleich wieder ab, und ich kränkte mich ungemein.

Jutta blieb zunächst in Wien zurück. Sie hatte dann sehr bald zur Enttäuschung der Familie eine Fehlgeburt. Ich plante aber, sie möglichst bald nach Amerika nachkommen zu lassen. Sobald ich eine sichere Bleibe und vielleicht auch einen Job für sie gefunden haben würde. Vater klang aufgeregt, als er sich am Telefon von mir verabschiedete, war in einer Art Seefahrer-Erregung: „Die Entdeckung Amerikas! Du bist der erste Fischer, der erste nach so vielen mährischen und böhmischen Ahnen, der nach Amerika kommt!"

Mein erster Eindruck auf der Taxifahrt vom Flughafen Idlewood [heute: JFK] in die Stadt New York erschreckte mich. Das Straßenleben vor der Kulisse herabgekommener Ziegelhäuser und die ewig schlaflosen Augen der Lichtreklamen kamen mir wie die Vision eines Hieronymus Bosch vor. Anstelle der gläsernen Kugeln, die bei

Bosch durch die Landschaft rollen, fuhren hier Lastwagen und Autobusse durch die Gegend, anstelle der Höllenfeuer brannten die Leuchtreklamen. Und anstelle der Totenprozessionen bewegten sich Untote, die irgendwohin drängten, um etwas zu kaufen oder zu verkaufen. Wie bei Bosch schauten sinnlos grinsende, halbnackte Figuren aus den Fenstern, vor den Haustüren saßen alte, scheinbar verbitterte Männer, weißhaarige Schwarze auf ihren Stock gestützt, und unmittelbar daneben die heftigen Hüftbewegungen junger Frauen in knappen schwarzen Röcken.

Ich hielt mich eine Woche in New York auf, suchte in den ersten Tagen nach meiner Ankunft Vaters Kompagnon Frank Lloyd in seinem Hotel gegenüber dem Metropolitan-Museum auf. Er bereiste damals oft New York, weil er Marlborough Fine Art ohne unsere Beteiligung nach New York bringen wollte, was im Oktober 1963 tatsächlich gelang, indem Marlborough die alteingesessene Galerie Gerson übernahm. Die neue Institution firmierte zunächst – solange die ehemalige Besitzerin Gerson als Mitarbeiterin geduldet wurde – unter dem Doppelnamen Marlborough-Gerson, mithin also nicht sehr lange.

Als ich Lloyds Zimmer im Hotel Stanhope betrat, stand er, braungebrannt von den Ferien auf den Bermudas, unter der Dusche. Die beiden Telefone begannen zu läuten, Besucher klopften an die Tür, Vater rief aus London an, und auch ich bekam die Muschel für eine halbe Minute. Der Managermorgen hatte Fahrt aufgenommen. Nach eineinhalb Stunden nervösen Hin und Hers frühstückten wir, und Lloyd warf sogleich mit Unflätigkeiten um sich: „Sind Sie nicht ein Goy? Aber Sie sind doch ein Goy? Manchmal, im Geschäft, glaub ich, selbst Ihr

Vater sei ein Goy!" Er sagte es mit dem Unterton von: „So dumm benimmt sich Harry zuweilen!"

Typisch war auch sein Spruch: „In Vienna I was in oil, and now I'm in oil again!" Womit er meinte, dass er in Wien-Schwechat, bevor er geflohen war, Besitzer einiger Tankstellen geworden war, die beträchtlichen Gewinn abzuwerfen begannen. Und nun, als Galerist, handle er mit den Ölbildern bedeutender Maler. Von Öl zu Öl gleichsam, wahrlich die Einstellung eines Kaufmanns. Wie jedes Mal, wenn ich die Tür nach einer Lloyd-Begegnung hinter mir schloss, erschien mir die Vorstellung einer Zusammenarbeit noch unmöglicher als zuvor.

Wie viel erfreulicher dagegen war mein Besuch bei dem aus Wien stammenden Soziologie-Professor Paul Lazarsfeld, der mich in seinem Büro in der Columbia University empfing. Blass und etwas verwirrt, die Zigarrenasche auf den Schnürlsamtanzug ausklopfend, von Bittstellern und Dissertanten umlagert, bat er mich: „Nimm dir einige Bücher zum Anschauen und warte bitte noch einige Augenblicke." Lazarsfeld, die Jugendliebe meiner Mutter, der sozialistische Jugendführer und frühe Gruppenpsychologe, entstammte wie die meisten jüdisch-sozialistischen Intellektuellen einem bürgerlichen Haus. Endlich konnte ich ihm mein Anliegen vortragen: Ob er behilflich sein könne, einen Posten für Jutta aufzutreiben, hier in den Vereinigten Staaten, eventuell auch für mich selbst, und zwar ab dem kommenden Herbstsemester. Ich solle ihm von Harvard aus alle relevanten Unterlagen zukommen lassen, meinte er und versprach zu helfen.

Von der Aussichtsterrasse des Rockefeller Centers blickte ich bei klarem Licht gut zwei Stunden lang in die Tiefe. In der Ferne türmten sich Wolkenberge auf, die sich mit einem Nebelschleier verbanden. Die Geräusche von Presslufthämmern und quietschenden Kränen, vermischt mit dem Heulen von Polizeisirenen, drangen aus den Häuserschluchten zu mir herauf. Grellgelbe und rote Taxis schossen wie Insekten herum, überholten einander und verschwanden dann irgendwo zwischen 5th Avenue und Madison Avenue, wo die Büros und Warenhäuser um zwölf Uhr mittags ihre Angestelltenschwärme ausspieen und eine Stunde später wieder einsaugten. Vielleicht war auch irgendeiner meiner Verwandten väterlicherseits darunter, der seit Hitlers Machtübernahme in New York beheimatet war. Das Quietschen von Autoreifen und das Tuten von Autobussen vermischte sich mit dem Brüllen des Zeitungsmanns, und vor meinem inneren Auge sah ich unzählige Büroangestellte, die sich zum Automatenbuffet durchkämpften, wo der Kaffee mit silbernen Kurbeln aus der Marmorwand herausgedreht wurde und grelle Speisen in gläsernen Wandsarkophagen warteten. Überlegungen, aus denen ich durch die plötzliche Änderung des Lichts gerissen wurde – eine Wolke verdeckte die Sonne, ihr Schatten zog über die hellgrünen Wiesen des Centralparks und das Dunkelgrün der Wasserflächen und verschwand dann wie zwischen Bühnenkulissen. Über dem Nebelschleier wuchsen immer höhere Wolkenberge empor, die sich nun über die Steintürme Manhattans schoben und bald den ganzen Himmel bedeckten.

Ich erhielt noch während meines New-York-Aufenthalts einen Brief von Jutta, in dem sie schrieb, sie sei wegen einer Blutung ins Spital eingeliefert: Wir würden das Kind nicht haben. Ein unbestimmtes, eher schales Gefühl machte sich breit, bewegte sich zwischen Trauer und einer egoistischen Freude: Jutta konnte dadurch zumindest bald bei mir sein!

Dann begann meine Zeit in Cambridge, Massachusetts, zunächst untergebracht in Perkins Hall, einem Studentenheim der Harvard University, einem langgestreckten, kasernenartigen Backsteinbau aus den späten siebziger Jahren des 19. Jahrhunderts. An Wochentagen ertränkte ich meine Sehnsucht nach Jutta in der Bibliothek des Fogg-Museums in Harvard, an den Wochenenden ging das nicht so leicht. Die Sehnsucht zerriss die dünne Papierdecke, die mich, den scheinbar unbekümmerten „Wissenschaftler", während der Woche schützte.

Schon bald nach meiner Ankunft wurde mir eine Stelle als Chef des Kunsthistorischen Departments an der Hamilton-University in Kanada nahe Toronto in Aussicht gestellt. Das Jahresgehalt hätte rund fünftausend Dollar betragen, bei vier Monaten Ferien. Aber man warnte mich: Die meisten der Studenten hätten noch nie ein Museum von innen gesehen und würden auch in ihrem späteren Leben keines mehr besuchen. Alle Professoren, mit denen ich über dieses Angebot sprach, rieten mir ab: Ich solle mich vor dem alten Emigrantenfehler hüten, den erstbesten Posten glückstrahlend anzunehmen. Viele säßen dadurch noch Jahrzehnte später, wenn auch gut bezahlt, in der ärgsten Provinz, etwa dem Mittleren Westen, und würden von dort nie mehr loskommen. Im Übrigen ließen mich wohlmeinende Kollegen bald wissen, dass die Amerikaner nur nach außen freundlich und relaxed seien, was aber nichts als Tarnung ihrer abgefeimten Feigheit wäre. Ein amerikanischer Vorgesetzter würde seine Unzufriedenheit nie Aug in Aug aussprechen, sondern einem wie gewohnt auf die Schulter klopfen und seine Sekretärin beauftragen, am nächsten Tag den Entlassungsbrief zu überbringen.

Ich lernte die Hypokrisie der Amerikaner auch in anderen Zusammenhängen kennen, etwa in einem Tanzlokal an einem Samstagabend, in dem eine Band die Teenager mit ihren Rhythmen zu immer wilderen Verrenkungen und gar zur Ekstase trieb. Die Trompetenstöße wurden so laut, dass man sein über den Tisch geschrieenes Wort nicht mehr verstehen konnte. Ein Mädchen in langen, weißen Hosen riss ihr Hinterteil ohne Unterbrechung wild hin und her. Plötzlich, um Viertel vor Zwölf, erschienen zwei dicke Polizisten in der Tür und mahnten allein durch ihre leibliche Gegenwart, dass der Tag des Herrn in einer Viertelstunde begänne. Denn der liebe Gott verböte es sich in Amerika, dass sein Tag mit Tanz oder Trunk beginnt.

Es war die Zeit des Kalten Krieges und der Düsternis, die mit der Berlinkrise des Jahres 1961 einen neuen Höhepunkt erreicht hatte. Chruschtschow drohte mit Krieg, die Sowjetunion machte immer massivere Atomtests, doch ließ sich Amerika, diese Insel des geläuterten Epikureertums, davon nicht allzu sehr beeindrucken. Im internationalen Studentenhaus in Cambridge nahm ich an einer politischen Diskussion teil. Als der Guest Speaker, ein russischer Geschichtsprofessor, meinte, die sowjetische Nomenklatura sei davon überzeugt, der Kommunismus werde letztendlich auch in Amerika Fuß fassen, brüllte der Saal vor Lachen, was mir peinlich dumm erschien, selbst wenn auch ich es für undenkbar hielt. Und als der Professor fortfuhr: „… maybe your children, maybe your grandchildren will live to see such times“, behandelte man ihn mit frechen Zurufen nur mehr wie einen Clown.

Jutta kam im Hochsommer 1961 nach Amerika. Nun waren wir nach vier Monaten Trennung wieder vereint. Bei einem Kunsthistorikerkongress an der Columbia University in New York saßen wir durch Zufall neben einem Kollegen, der uns besonders sympathisch war. Richard Judson, spezialisiert für die niederländische Kunst des 17. Jahrhunderts, begann mich auszufragen, woher wir kämen und was unsere Pläne seien. Er sagte: „Wir suchen einen jungen Instructor – willst du nicht zu uns kommen?“

„What do you mean?“, wunderte ich mich. Es stellte sich heraus, dass Judson, der am Smith College in Northampton, Massachusetts, unterrichtete, beauftragt worden war, für das kommende Jahr eine Stelle für das Art Department seiner Institution neu zu besetzen. Ich hatte noch nie vom Smith College gehört. Judson klärte mich auf: „Wir sind Amerikas größtes und ältestes College für Frauen, eine Art Harvard für Mädchen.“

Ich wurde ein wenig unverschämt und entgegnete: „Ich komme nur, wenn Sie auch meine Frau als Instructor anstellen, im Department für Romanistik.“

Beide hatten wir dank einer Empfehlung von Harvard sehr rasch die Green Card erhalten und tatsächlich bald zwei Stellen am Smith College inne, die wir im darauffolgenden Jahr antreten sollten, jeder mit einem Jahresgehalt von über fünftausend Dollar, wovon wir bestens leben konnten.

Mein Vater reagierte sorgenvoll auf diese Nachricht, befürchtete er doch nicht ganz zu Unrecht, ich würde nun eher eine akademische Karriere verfolgen, als in die Galerie einzusteigen. Er kam nach New York, wenn auch nicht in erster Linie, um mich an meine Verpflichtung zu erinnern, sondern um seinen Freund zu begleiten, den damals schon weltberühmten englischen Bildhauer Henry Moore und wichtigsten englischen Künstler der Galerie Marlborough, die ihn wie niemand sonst auf dem internationalen Kunstmarkt durchgesetzt hatte.

Es war Vaters erste Amerikareise. „Ich bin von New York entsetzt", stöhnte er, „eine Hölle und dieser fürchterliche Lärm!" Vater und Henry Moore residierten in je einer Suite. Ich erinnere mich noch an Moores kleinen, verbeulten Hut, den er in die Tasche stecken konnte, an seinen Pfeffer- und Salz-Mantel, der fledermausartig geschnitten war, und an die Hautröte gesunder Inselgesichter. Der Bergarbeitersohn aus dem Norden Englands, aus Yorkshire, hegte eine tief verwurzelte Antipathie gegen die Kunsthistoriker, meinte gar, dass ein Mann wie mein Vater mehr für die Kunst geleistet habe als alle trockenen Historiker zusammen.

Vater absolvierte in jenen Tagen Museumsbesuche, wo er vor jedem Bild höchstens eine Minute stehen blieb, die Hälfte der Minute aber mit dem Rücken zum Bild sein Auge ziellos und nervös im Raum umherschweifen ließ und mich unwirsch aufforderte: „Also, sag' doch was über die Bilder, erklär' uns was!" Blieb ich stumm, wandte er sich Jutta zu: „Er will mich nur ärgern, immer will er mich ärgern!"

In einer deutschen Bierstube schimpfte er über einen Artikel, den ich kurz zuvor in einer österreichischen Zeitschrift publiziert hatte: „Dein Text über *Amerikas Mäzene und Museen* war ausgesprochen schlecht. Die Sprache elend. Es war dein Unglück, im Nachkriegswien groß geworden zu sein, wo dir nichts anderes vorgesetzt wurde als das miserable Zeitungsdeutsch des *Neuen Österreich* und der *Presse*. Du hattest eben keinen Karl Kraus als Begleiter deiner Jugend. So etwas wie diesen Artikel darf man nicht schreiben ..."

Im noblen Hotel Carlyle versammelte mein Vater Vincent Willem van Gogh – den einzigen Sohn von Vincents Bruder Theo –, dessen Gattin und Sohn sowie Jutta und mich um einen Tisch. Ingenieur van Gogh war Nachlassverwalter der Werke seines Onkels und wurde als Besitzer von mehreren hundert Van-Gogh-Zeichnungen und zahlreichen Bildern dementsprechend von uns hofiert. Van Gogh monologisierte gerne, und Vater langweilte sich sichtlich, wie ich es seinen unruhigen Blicken und den auf das Tischtuch trommelnden Fingern ablesen konnte.

Ich litt während dieses Abendessens an einem Schwächeanfall, an Schwindel, Handschweiß und Magenschmerzen. Vater und Sohn van Gogh schauten immer aneinander vorbei, ließen Wellen des Hasses in den leeren Raum strömen. Der Sohn hatte zu Beginn unserer Begegnung „Missverständnisse" mit seinem Vater angedeutet. Jutta erkannte sofort den Grund für meine Angeschlagenheit und erklärte sie mit meiner eigenen konfliktgeladenen Vater-Sohn-Beziehung.

Ab September 1962 unterrichteten Jutta und ich also am Smith College, sie als Französisch-Lehrerin, ich als Instructor am Art Department. Wir genossen unsere Mietwohnung in einem typischen New-England-House, inmitten einer schönen, Wienerwald-ähnlichen Landschaft, in der paradiesische Ferienstille herrschte. Der Besitzer war ein pensionierter Professor des Colleges mit weißem Lockenkopf, weißem Schnurrbart und stets frischem, freundlichem Gesichtsausdruck, der noch dazu „Fisher" hieß. Wenn ich hier bliebe, in diesem Lehrer- und Schülerparadies, dachte ich, den Blick auf den Paradise Pond in der Mitte des College-Areals gerichtet, bin ich in wenigen Jahren ein fest angestellter Professor, verdiene gut, verstehe mich mit meinen Kollegen und Kolleginnen und verbringe den Rest meines Lebens in seliger Ruhe in den Vereinigten Staaten.

Doch Vater ließ nicht locker: „Ich schenke euch in London ein Haus! Dann wohnt ihr nicht mehr in zwei Zimmern zusammengepfercht in lächerlicher Untermiete! Kommt endlich nach London, kommt!", lockte er immer verzweifelter. „Versuch' es doch für ein Jahr in der Marlborough Gallery. Nur für ein Jahr! Wenn es dir nicht gefällt, nach diesem einen Jahr, gut, dann sehen wir weiter ..."

Es fiel uns ungemein schwer, Northampton zu verlassen. Aus dem mit Vater verabredeten Probejahr wurden schließlich vierzig Jahre.

Der „falsche Fischer"

Nach unserer Rückkehr aus Amerika bezogen wir im Londoner Stadtteil Little Venice zunächst eine hübsche Maisonette am Ufer des Kanals, dem der Bezirk seinen Namen verdankt. Am 16. September 1963 trat ich ins väterliche Geschäft ein und übernahm in der Marlborough Fine Art Gallery die Kronprinzenrolle. Kann man, fragte ich mich, als akademisches Käuzchen so einfach in den gehobenen Kunsthandel wechseln? Oft holte mich mein Vater morgens, wenn ich nicht spätestens um zehn Uhr in der Galerie erschienen war, wütend mit seinem Chauffeur ab.

„Wieso bist du nicht fertig?", fuhr er mich an, während ich noch beim Frühstück saß. Ich bin immer ein Nachtmensch gewesen …

Das Schicksal hatte mich offenbar auserwählt, die Machenschaften des Partners meines Vaters, Frank Lloyd, des Chefs, den ich bald Frank Lloyd *Wrong* zu nennen pflegte, zu durchschauen.

Lloyd warnte meinen Vater: „Dein Sohn ist ein Intellektueller, der hat keinerlei Sinn für's Geschäftliche. Er wird uns hier noch alles vermasseln! Mir kommt vor, er liebt die österreichische Kunst? Aber damit macht man keinen Gewinn. Wir sind ja kein Erziehungsinstitut!"

Ich sah in Lloyd von Anbeginn den „kleinen Mann mit den doppelten Sohlen". Er war deutlich kleiner als Vater und ich, auch seine Ehefrauen waren um einiges größer als er. Er hat darunter offenbar gelitten und ließ sich deshalb von einem königlichen Londoner Schuster Maßschuhe mit erhöhten Sohlen machen.

Gleichzeitig mit mir trat auch Lloyds Sohn Gilbert in die Galerie ein, um einige Jahre jünger als ich, sodass wir Marlborough nunmehr zu fünft leiteten: Fischer Vater und Sohn, Lloyd Vater und Sohn, sowie der dritte, stille Teilhaber, der hochadelige David Somerset.

Mich selbst empfand ich vom ersten Arbeitstag an als den „falschen Fischer", im Gegensatz zu meinem Vater, dem „richtigen"; ich litt vor allem in der ersten Zeit darunter, dass mich Kunden, Museumsverantwortliche und Kunstkritiker nicht ganz ernst genommen haben.

Wenn ich etwa mit Peter Wilson, dem berühmten Chef des Auktionshauses Sotheby's zusammentraf, fragte er sofort: „How is your father?" Das mochte zwar gut gemeint sein, hat mich aber sehr gestört. Der „richtige Fischer" war also der in London bekannte und erfolgreiche Kunsthändler, der „falsche" sein unbedarfter Sohn. Das änderte sich im Grunde erst Jahre später, als die Kunstwelt wahrzunehmen begann, dass ich ein wirklicher Kenner der Wiener Moderne war, ein Experte unter anderem für Schiele, Klimt und Kokoschka.

Ich teilte das Büro mit David Somerset, den ich insgeheim den schönen, den edlen Frauen-David nannte. Er hing zumeist am Telefon, karusselierte auf einem stählernen Drehsessel und flirtete mit einer seiner unzähligen Geliebten. Seine verständnisvolle Ehefrau, Lady Somerset, lebte auf ihrem Landgut, und so konnte David seine Freundinnen in der luxuriösen Stadtwohnung am Eaton Square ungestört beherbergen. Während ich mit langweiligen Museumsdirektoren, Kustoden, Sammlern, Kritikern und Konkurrenten, mit Stadt- und Landesbeamten zu verhandeln hatte, mit jenen Männern, die im

Nachkriegseuropa die neue Kunst und die neue Macht repräsentierten, säuselte David in den Hörer: „Ich hoffe, du konntest gut weiterschlafen, sweetheart, nachdem ich dich am Morgen verlassen habe?“ Ich beneidete ihn; um wieviel lieber hätte auch ich eine Freundin angerufen als einen Spießer in Wuppertal, Salzburg oder Lyon. Oft gab David bereits um halb ein Uhr mittags bekannt: „Du, ich muss rasch zu einem Rendezvous – bin nicht ganz sicher, ob ich am Nachmittag nochmals vorbeischauen kann.“ Und verschwand dann in seinem Club, oder fuhr, jeden Mittwoch zum Beispiel, zur Fuchsjagd aufs Land auf die herzöglichen Güter der Beauforts.

Am Donnerstagmorgen stand er wieder in der Galerie, mit dem Sattel unter dem einen und einem wunderbaren „Alten Meister“ unter dem anderen Arm. Er hatte seinen aristokratischen Verwandten einen Goya oder einen Manet mit der Bemerkung abgeluchst: „Dieses Bild hängt doch schon seit Ewigkeiten über Eurem Kamin, das wollt ihr doch sicher nicht mehr haben – und ich kann Euch dafür einen guten Packen Geld verschaffen!“ Das war seine wichtigste Rolle in der Galerie, sonst hat er eigentlich nicht viel gemacht. Seine Beziehungen zur Welt der Reichen und Superreichen war allerdings viel wert. Er war unter anderem mit Gianni Agnelli, dem Fiat-Chef, gut bekannt und verbrachte Adria-Kreuzfahrten mit dessen Schwester, er kannte den Reeder Niarchos, war aber beispielsweise auch ein Lover von Lee Radziwill, Jacqueline Kennedys jüngerer Schwester.

Mir gefiel der Umgang mit den wichtigsten Künstlern der Galerie, zu denen neben Henry Moore auch Francis Bacon und Oskar Kokoschka zählten. Lucian Freud,

Sigmund Freuds Enkel, einer der bedeutendsten Porträtmaler des 20. Jahrhunderts, wurde eine Zeitlang von Marlborough vertreten. Vor Beginn einer Ausstellung seiner Werke lief er die Treppen der Galerie zwei Tage lang auf und ab, um seine Bilder ins rechte Licht zu setzen. Er galt als einer der Lieblinge höchster aristokratischer Kreise. Die adeligen Damen, die Ladies, Marquisen und Herzoginnen brannten darauf, von ihm gemalt zu werden. Das aber hatte nicht zuletzt einen Grund, von dem man hinter vorgehaltener Hand munkelte. Man sagte Lucian nach, er könne an einem schönen englischen Nachmittag voller Cricket und Tee bis zu sechs Mal seinen Mann stellen.

Wir machten Ausstellungen vor allem deshalb mit ihm, weil wir uns von seinem Namen Aufmerksamkeit versprachen. Dabei hieß es, sein Großvater habe nicht selten verlauten lassen, dass Lucian ihm unter all seinen Enkelkindern das unangenehmste sei. Er sei ein böses Kind. Ich teilte die Einschätzung des Großvaters durchaus, ja, er war mir unerträglich. Betrat er die Galerie, blickte er einem nie in die Augen, sondern vielmehr in die entfernteste Ecke des Raumes. Als Künstler schätzte ich ihn; ich sehe einen begabten Realisten und sein Werk als eine Mischung aus Neuer Sachlichkeit und „expressionistischem Impressionismus“, wenn es so etwas gibt. Freuds Ausstellungen bei Marlborough waren Misserfolge, was im Rückblick kaum zu glauben ist. Zählen seine Gemälde heute doch zu den teuersten und gesuchtesten des gesamten internationalen Kunsthandels.

Bereits kurz nach Eintritt in die Galerie übernahm ich eine Aufgabe, die mich glücklich machte: Ich kuratierte die erste Ausstellung der Werke Egon Schieles auf englischem Boden.

Der frühe Tod dieses Künstlers hat verhindert, sein Werk trotz der vielen Freunde und der wohlwollenden Kritik durchzusetzen, da eben die vorantreibende Kraft des lebenden Künstlers fehlte. So blieb Schiele bis zum Einbruch des Nazismus, der sein Werk als „entartete Kunst" dann vollends verdunkelte, eine periphere Erscheinung.

Nach dem Krieg sind als Marksteine auf dem Weg zum Ruhm zunächst die Schiele-Ausstellung bei der XXIV. Biennale in Venedig (1948) zu nennen, die zahlreichen Ausstellungen in der Galerie St. Etienne in New York und die von Thomas M. Messer veranstaltete Wanderausstellung, die 1960 in Boston und dann in New York, Louisville, Pittsburgh und Minneapolis gezeigt wurde. Das Museum in Minneapolis kann übrigens den Ruhm für sich buchen, als erstes Institut in einem angelsächsischen Land ein Bild Schieles erworben zu haben (1954 mit dem Porträt Paris' von Gütersloh, 1918). Trotzdem wurde die Bedeutung Schieles in Amerika bis in die Mitte der sechziger Jahre noch hauptsächlich von Österreichern vermittelt, die entweder als Emigranten Schiele-Bilder in ihre neue Heimat mitgebracht hatten oder in der Emigration Schiele-Bilder erwarben, wie etwa der Regisseur Billy Wilder in Hollywood. Auch in London gelang der Wiener Kunsthändlerin Lea Jaray (früher Galerie Würthle, Wien) kaum, in ihrer St. George's Gallery Blätter von Schiele zu verkaufen. So ist es auch zu erklären, dass der fanatisch einsatzfreudige Wiener Sammler Dr. Rudolf Leopold Anfang der fünfziger Jahre von dem nach London emigrierten Wiener Arthur Stemmer zwei Hauptwerke Schieles (*Der Lyriker*, 1911) und das große Doppelporträt von Klimt und Schiele (*Die Eremiten*, 1912) erwerben und nach Wien zurückholen konnte.

Mit meinem Plan, eine Schiele-Ausstellung in London zu organisieren, flog ich nach Wien, um Dr. Rudolf Leopold, den weltweit wichtigsten Schielesammler, zu treffen und Details zu besprechen. Auf dem Flug in meine Geburtsstadt bat ich kurz vor Linz, ins Cockpit vorgelassen zu werden, um durch die Wolkenlöcher auf das Mühlviertel zu schauen. Ich wollte die Schlingen der Donau zählen, die böhmische Grenze sehen und das Barockstift Melk nicht versäumen. Wollte ich mich und meine Kinder doch nicht zu Weltbürgern oder wenigstens zu bewussten Europäern machen? Verachtete ich denn nicht alle Formen des Nationalismus? Und nun war es mir keineswegs gleichgültig, ob das Flugzeug eine Links- oder Rechtskurve über dem Flughafen Schwechat zog, ob man beim Landen nach Osten und gegen die March oder nach Westen Richtung Wienerwald blickte. Nicht einmal die Wetterlage war mir egal, denn bei blauem Himmel sagt sich so wunderbar leicht: Gehen wir in den Prater, zum Lusthaus und noch ein Stück weiter durch die Auen der Donau zu!

Der endlos kunstgesprächige Augenarzt und leidenschaftliche Sammler Rudolf Leopold, den ich in seinem Haus in der Cobenzlgasse in Grinzing aufsuchte, war eine der schillerndsten Persönlichkeiten des Kunstbetriebs. Er hatte die Zusage gegeben, für unsere Ausstellung Hauptwerke von Schiele – in England zu jener Zeit noch völlig unbekannt – als Leihgabe zur Verfügung zu stellen.

Darunter auch einige Werke, die er auf keinen Fall, und andere, die er zum Verkauf anzubieten bereit war, in erster Linie Zeichnungen und Gouachen.

Leopold war ein Ästhet und Monomane, der beinahe zu jeder Tat fähig war, um seiner Sammlung einen weiteren Schiele hinzuzufügen. Der Kunstsammler Erich Lederer hat es einst auf den Punkt gebracht: „Gegen die Penetranz von Dr. Leopold sind ein Floh und eine Wanze ein scheues Reh!" Schieles jüngste Schwester Gertrude besaß einige Werke ihres Bruders, die sie auf keinen Fall verkaufen wollte. Sie teilte dies Leopold freundlich, sehr deutlich und mehrere Male mit, er jedoch ließ nicht locker, bis er sie umgestimmt hatte. Eine andere Sammlerin erzählte, als sie eines Abends von einem Theaterbesuch nach Hause kam, fand sie Dr. Leopold auf einem kleinen Schemel vor ihrer Eingangstür sitzend. Er verstellte ihr den Weg in ihre eigene Wohnung, bis sie ihm versprach, sie wolle es noch einmal überdenken, ob sie ihm die Bilder überlasse.

Er war ein Berserker, ein Besessener, der von jedem Blatt wusste, in welchem Monat es entstanden war: „Das ist aus dem April 1908!"

Als ich zu fragen wagte: „Wie können Sie das wissen, Herr Doktor, dass es im April war?", regte er sich auf: „Das sieht man doch, also Sie wissen das nicht? Was sind Sie für ein Schiele-Kenner? Und Sie glauben vielleicht, es ist von Mai oder Juni? Das war doch 1908 zu Ostern! Also Sie sind mir ein guter Schiele-Kenner!"

Trotz des Widerstands von Frank Lloyd konnte ich im Oktober 1964 eine Ausstellung von Egon Schieles Zeichnungen, Gouachen und Ölbildern zusammenstellen.

Leopold kam als Hauptleihgeber zur Eröffnung angereist. Nach einer Nacht im Hotel bat er mich, er müsse unbedingt zu uns nach Hause übersiedeln, im Hotel ziehe es ihm zu sehr.

Unser erstes Kind, Flora, war eben auf die Welt gekommen, und Jutta sagte: „Wir haben gerade ein Baby bekommen, unser Haus ist relativ klein, ich hab' kein Bett für Sie! Im Gästezimmer schläft das Au-pair-Mädchen. Ich kann Ihnen höchstens den Diwan im Wohnzimmer anbieten."

Darauf Leopold: „Wunderbar!" Er übernachtete bei uns, aber am nächsten Morgen hieß es: „Da, wo der Diwan steht, zieht es mir zu sehr. Könnten wir den Diwan nicht woanders hinstellen, wo's weniger zieht?" Bekanntlich lassen sich englische Schiebefenster in ihren Holzrahmen nie perfekt schließen.

Er sprach ohne Unterlass von Egon Schiele. Nicht nur in der Küche beim Frühstück, nicht nur im Salon während des Abendessens, er rannte mir auch ins Badezimmer nach, während ich mich morgens rasierte, um mir Schiele zu erklären, und hielt mich sogar davon ab, mich ein zweites Mal einzuseifen.

Unsere Ausstellung wurde ein großer Erfolg. Die meisten Kritiker schrieben, es gebe einen bedeutenden österreichischen Künstler zu entdecken, der in Großbritannien nahezu fünfzig Jahre nach seinem Tod völlig unbekannt sei. Große Artikel mit Farbabbildungen erschienen in allen wichtigen Zeitungen, wenn auch konservative Kreise Schiele als unerträglich obszön abstempelten. So mancher Besucher der Galerie blickte verschämt zu Boden und stotterte: „But ... isn't this rather ... pornographic!?"

Eric Newton fand im *Manchester Guardian* ein Bonmot und gab so gleichzeitig Zeugnis von dem Schock, den das Londoner Publikum vor dem Phänomen Schiele erlitt: „Fledermaus tortures itself into the mood of Tosca" – die politische Wirklichkeit des Jahres 1918 in Mittel- und Osteuropa als Hintergrund für die expressionistische Kunst und Literatur oder umgekehrt.

Der Maler Friedensreich Hundertwasser, zu Besuch in London, wollte sich die Ausstellung auf keinen Fall entgehen lassen, ging in seinem knöchellangen, rot gefütterten grauen Mantel mit schwarzen Längsstreifen bedächtig von Bild zu Bild, von Blatt zu Blatt, bevor er mit stockender, weicher Stimme sagte: „Wie schade, dass man nicht mit Schiele in derselben Generation leben kann. Dass wir nicht miteinander sprechen können. Das ist die schönste Schiele-Ausstellung, die ich im Leben gesehen habe." Mit nervösem Augenzucken reservierte er ein Temperablatt, *Sitzende Frau mit violetten Strümpfen*, das Dr. Leopold und ich im Spaß immer „Die Onanierende" genannt hatten. Als Tauschgeschäft bot er uns sein Bild *Introvertiertes Fenster* an, berechnete dafür 15.000 DM, die wir vom Preis des Schieleblattes abzogen. Als ich ihm eine baldige Ausstellung seiner Werke bei Marlborough vorschlug, erbat er sich Bedenkzeit: „Ich habe Bindungsängste ...!"

Es gelang mir, weitere Schiele-Ausstellungen 1969 und 1972 zu organisieren. Eines Vormittags kamen Francis Bacon und Alberto Giacometti in der Marlborough vorbei; Giacometti hatte gedrängt, die Ausstellung unbedingt sehen zu wollen, weil er Schiele mit Klimt, dessen Zeichnungen er kannte, verwechselt hatte. Sein Irrtum war schnell aufgeklärt, dann zeigte ich ihm zuerst die frühen Schiele-Zeichnungen und sprach vom Lehrer-Schüler-Verhältnis zwischen beiden. Aus dem Nebenkabinett mit den frühen Blättern stiegen wir dann in den Ausstellungsraum des zweiten Stockwerks mit Zeichnungen und Aquarellen aus den Jahren 1910 bis 1918.

„Das ist wie Jules Pascin, es erinnert mich aber auch an Modigliani!", wunderte sich Giacometti in seiner tiefen, bellenden Stimme. „Er hat die beiden aber sicher nicht gekannt, non?" Er ließ seine Sätze offen enden, schaute sich nach dem vielfach geäußerten „non?" jeweils fragend um. Vor den ausgestellten Schiele-Briefen bemerkte er: „Dieselbe nervöse Schrift, scharf und zielend, wie in den Zeichnungen, non?"

Der richtige Fischer stürmte aus dem Chefzimmer und schüttelte Giacometti die Hand: „Es ist uns eine große Ehre, dass Sie uns besuchen!" Wir legten Klimt-Blätter, die erst am Vortag aus Wien angekommen und noch nicht gerahmt waren, vor Giacometti auf dem Boden aus. Er beugte sich gleichsam schnüffelnd über sie und sagte: „Seltsam, verglichen mit Paris zwischen 1900 und 1918 ist das, was ich hier sehe, geradezu konservativ, fast reaktionär; ich meine nicht nur Klimt, sondern auch der frühe Schiele, non?"

Bacon und Giacometti gingen an den Ölbildern *Die Eremiten*, *Selbstseher*, dem *Selbstporträt* aus dem Jahr 1909 und *Liegender* von 1917 flüchtig vorbei. Vor *Herbstbaum*, 1912, blieb Giacometti ruckartig stehen und brummte: „Das ist außerordentlich!"

Anschließend fuhren wir zu Bacon ins Atelier – ein Tohuwabohu halb ausgedrückter Farbtuben, ungewaschener Pinsel, alter Zeitungen, Bücher und Stofffetzen. In einer Ecke stand sein neuestes Triptychon, man sah gequält verkrümmte Männergestalten. Giacometti saß auf einem geflochtenen Stuhl dem Triptychon gegenüber und blieb ganz still. Dann stand er plötzlich auf, ging nahe an die Bilder heran und zeigte auf einzelne Gesichts-Partien. „Da geht es in die Tiefe, Francis, da wird es plastisch!"

„Man könnte ein ganzes Leben mit einem einzigen Gesicht verbringen und nur dieses eine malen, findest du nicht, Alberto?", entgegnete Bacon.

Daraufhin schwärmte Giacometti von einer Schönheit namens Isabella, die er einst im Pariser Café Dôme in Gesellschaft des Bildhauers Jacob Epstein beobachtet hatte: „Eine Woche lang ging ich jeden Tag ins Café, nur um sie zu sehen. Ich wagte nicht sie anzusprechen, ich dachte, sie sei Epsteins Tochter. Endlich, am achten Tag, saß sie allein. Ich sprach sie zitternd an. Sie lachte nur und sagte: ‚Ich werde morgen in London heiraten!' Jetzt kenne ich Isabella seit fast dreißig Jahren – und finde sie schöner denn je."

Abends, im Restaurant, schimpfte Giacometti: „Sozialisten, Kommunisten und Gaullisten … schaffen alles Schöne ab. Es wird immer trister in den Pariser Bistros. Die Leute gehen immer früher zu Bett. De Gaulle ließ das wunderbare, teppichbelegte, weiträumige Bordell *Sphinx* 1946 zusperren. Dort konnte man stundenlang sitzen und die herrlichen Akte auf und ab gehen sehen. Ich blieb, um zu zeichnen und zu malen. Gestern trieb man mich zu einem Striptease hier in London: ein feuchter Keller, kahle Bänke, Bier und Coca-Cola, fröstelnde nackte Mädchen, die sich zu schämen schienen. Ich verbarg den Kopf in den Händen, wollte das nicht mit ansehen müssen. Die Armen laufen von Keller zu Keller, mit einem Köfferchen, und kommen überall frierend an."

Der Romancier

Unsere Tochter Flora kam im Jahr 1964 zur Welt. Zwei Jahre später wurde Bettina und 1969 unser Sohn Toby geboren. Wir zogen in ein größeres Haus in St. John's Wood, die Wohnung in der Blomfield Road in Little Venice war zu klein geworden. Ich gewöhnte mich nicht richtig an meine Rolle als Kunsthändler und „falscher Fischer", andererseits genoss ich das internationale Leben, das die Galerie mir ermöglichte, meine konstanten Reisen zwischen London, New York, Paris, Berlin und anderen Museumsstädten und lebte auf relativ großem Fuß. Ich verdiente keineswegs schlecht, und das half, mein Schicksal zu akzeptieren. Als dreifacher Vater musste ich nun immerhin auch für eine fünfköpfige Familie sorgen.

Mit wachsender Leidenschaft hatte ich in diesen Jahren begonnen, Prosatexte zu schreiben und freundete mich mehr und mehr mit der Idee an, einen Roman zu verfassen. Doch fehlte mir als Angestellter der Galerie schlicht die Zeit, mich dem Wagnis meiner Schriftstellerei zu widmen. Bis es mir schließlich gelang, Vater zu einem Kompromiss zu überreden: Er erklärte sich bereit, mir jeweils die Samstage dafür frei zu geben.

Mir schwebte ein Werk vor, das ich *Wohnungspositionen* nennen wollte, in dem Wohnungen, Hotelzimmer, Gastzimmer, Besuchszimmer die Protagonisten sein würden. Die Stellung des Erzählers sollte sich aus den Veränderungen, dem Geruch, dem Einfluss, eben aus den Positionen der Dinge ergeben.

Ideale Ruhe, um zu schreiben, gab es in diesen Jahren nur während der Weihnachts- und Osterfeiertage und in den Sommerferien. Dann gelang es mir hin und wieder, die Unruhe der Galerie abzuschütteln. Mit einem Mal erschien mir auch das kleinste Detail beschreibenswert. Warum, fragte ich mich, hatte noch nie jemand eine Lebensgeschichte, einen Bildungsroman mit aneinandergereihten Blicken aus einem Fenster versucht? Ein prasselnder, kalter Aprilregen an einem Ostermontag, der an die rechteckigen Scheiben des Wohnzimmerfensters schlug, konnte wie alles andere zu einem Ausgangspunkt des Schreibens werden. Oder die karussellartige Bewegung der runden Kaminrose am Dach gegenüber, die die saugenden Töne des Frühlingswindes, der aus dem feuchtglänzenden Kastanienbaum mit den noch nach unten hängenden, leuchtend grünen Blättern hervorbrach, in schnelle, dann zögernde, dann langsame und wieder schnelle Windradspiele umsetzte. Oder auch die augenlose Steineule, so groß wie ein vierjähriges Kind, die reglos auf der obersten Stufe einer Zwischenmauer im Nebengarten ihre Position hielt, schwer genug, um von den böigen Windstößen nicht umgeworfen zu werden.

Aber ebenso gut konnte ich mir die Blicke aus einem New Yorker Hotel der Lower East Side vergegenwärtigen, diejenigen aus dem Pötzleinsdorfer Kinderzimmer, aus dem Pariser Studentenhotel in der Rue des Feuillantines oder dem Maison de l'Allemagne, aus dem Schrebergartenhaus im Zagreber Vorort oder dem Kurhotelfenster in Tarasp-Vulpera. Ich hielt es für anmaßend, wenn Literaturkritiker den Schriftstellern Themen vorschrieben, die sie dann in „zeitgemäß“ und „unzeitgemäß“ einteilten.

Die Beschreibung einer Zimmerlinde konnte durchaus zeitgemäßer sein als ein Text über die Ausrüstung eines Astronauten. Aus meiner Sicht zählte nur die Individualitäts-Achse.

Während der Sommerferien an der grünen Atlantikküste von Cornwall wurde ich von einer Schreibwollust erfasst, wie ich sie zuvor nie gekannt hatte. Meine Figuren trieben sich in der Wiener Herrengasse, am Karlsplatz, bei der Spinnerin am Kreuz, in Ringstraßen- und Gemeindehäusern herum, während ich aus dem Fenster eines Zinnbergarbeiterhauses sah. Die kalten Julitage in Cornwall waren Spaltungstage: Der Blick nach innen öffnete mir Wien um 1930, während ich auf die schroffe Atlantikküste starrte.

Zuweilen gelang es mir, außerhalb der Ferienzeiten ein paar Tage der Schreibarbeit zu widmen, was allerdings den verlässlichen Zorn Frank Lloyds wachrief. In meinen Unterlagen fand ich ein Telegramm, nach Kitzbühel abgesandt, in dem es hieß: „Your vacation was not authorized by me; you have to be in London Friday morning." Als ich nicht reagierte, schrieb er mir einen wütenden Brief, in dem er mich aufmerksam machte, dass ich nicht Angestellter meines Vaters, sondern sein Untertan sei, der es in Zukunft gefälligst zu unterlassen habe, eigenmächtige Entscheidungen zu treffen. „Du scheinst nicht begriffen zu haben", schrieb er mir, „dass ich der Chef des Unternehmens bin und niemand sonst. In Zukunft hast Du mich zuerst zu fragen, seien es private, seien es berufliche Reisen. Die Tatsache, dass Du der Sohn meines Business-Partners bist, gewährt Dir keinerlei Sonderstellung."

Seine Zornausbrüche waren legendär. Man erzählte sich, dass der jüngste von vier Brüdern eines Antiquitätenhändlerehepaars in der Wiener Weihburggasse der Lieblingssohn seiner Mutter war und als Kind von seinen drei Brüdern gehasst wurde. Er musste schon damals reichlich Gelegenheit zu solchen Szenen gehabt haben und das Zwietracht-Säen als Lebensinhalt entdeckt haben. „Ich erhole mich, indem ich andere dazu bringe, sich über mich grün und blau zu ärgern!", pflegte er halb im Scherz zu sagen. Jedenfalls legten die Brüder einmal Geld zusammen, um einen kräftigen Fußballer anzumieten, der den „Lieblingssohn Kurt" verdreschen sollte. Allein wagten sie's nicht. Er sei ein zu geübter Raufer gewesen, hatte einer seiner Brüder meinem Vater einmal anvertraut.

Nach einer typischen Brüllszene des Chef-Chefs im Büro der Galerie steckte mir sein Sohn Gilbert zu: „You must understand, he did not have the benefit of an English public or private school education!" Auch Gilbert bekam die Launen seines Vaters zu spüren: „Ich räume meinen Schreibtisch, Dad hat mich soeben entlassen, da habt ihr alle Papiere, ich bin nicht mehr zuständig!" Am nächsten Morgen saß er wieder brav am Telefon seines Katzentischchens und erledigte sein Arbeitspensum.

„One must be glad to have had a different father than the two of you", sagte mit herzöglicher Nonchalance dann David, der seinen Schreibtisch mir gegenüber hatte, und im selben Moment rief er die Mätresse des Moments an: „Morning, my darling, did you sleep well, what a hot day …!"

Wenn mir Frank Lloyd Wrong die Hand ölig lächelnd zum Gruß hinstreckte, war mir jedes Mal, als ob ich Shylocks Messer freundlich schütteln müsste. Zuweilen dachte ich: Ich kann so nicht weiter, ich trete aus der Firma aus. Zwischen Reisen, Geschäftsbesprechungen, Kunsteinkäufen, Abrechnungen und Steuererklärungen versuchte ich mich aufs Schreiben zu konzentrieren. Pläne der Galerie wurden nicht selten zwischen Vormittag und Nachmittag von Lloyd und dem richtigen Fischer vollständig umgeworfen. In ihren Gesprächen war der Maler X bei der Suppe noch ein gutes Geschäft, beim Dessert bereits ein Trottel. Instruktionen wurden auf die Augenblickslaune zugeschneidert und von der nächsten Laune wieder aufgekündigt. Ich wollte Lloyd, der ständig alles bekrittelte, ab einem bestimmten Moment einfach nicht mehr sehen.

„Wir sind kein Wohltätigkeits- und auch kein akademischer Konfirmantenverein!“, schimpfte er, wenn ich etwa ein Schiele-Bild, das mindestens 20.000 Dollar wert war, für 9.500 erwerben hätte können. „So gehen wir pleite!“, schrie Lloyd, „dieser *Herbstbaum* ist natürlich 20.000 wert, aber du bietest höchstens 7.000 Dollar, auf keinen Fall mehr!“

Auch Vater stöhnte manchmal, er halte seinen Partner nicht mehr aus: „Ich reagiere wie du“, jammerte er eines Tages, „es geht mir schlecht, ich musste mich am Morgen sogar erbrechen. Soll ich mich von Lloyd trennen? Er würde mir meinen Anteil nicht ausbezahlen, was macht ihr dann, Jutta und du? Ihr seid ja leider romantische Träumer. Vielleicht könnte ich allein, ohne einen Partner, besser kämpfen? Nein, ich bin zu alt dafür. Ich bin zu müde, zu abgekämpft.“

Vater nervte mich ebenfalls, wenn er Tag für Tag über seinen Papieren, Briefen, Dokumenten brütete, zwischen Telefonhörern und Sekretärinnen hin und her rannte, mir immer wieder neue Aufgaben übertrug, neue Befehle erteilte, Ankäufe untersagte, zuweilen sogar unser Abkommen, dass ich mich hin und wieder meiner Schriftstellerei widmen könne, untergrub.

Es war keinesfalls einfach, unter diesen Bedingungen meinen ersten Roman voranzutreiben. Trotz aller Hindernisse hatte ich eines Tages immerhin die ersten Kapitel fertig. Nicht aufgeben, rief ich mir beinahe täglich zu, wenn mich Niedergeschlagenheit und Angstgefühle heimsuchten.

Ich spürte eine Neigung zur Berauschung, sehnte mich nach Whisky, Gin oder Frauen oder nach alledem zusammen. Und ärgerte mich über die eingepflanzte Bürgerlichkeit, die mich immer wieder bremste.

Ich schrieb Seite um Seite, sah meine Kindheit so deutlich vor dem inneren Auge wie nie zuvor, den Vergnügungsdampfer auf der Donau etwa, der am Wochenende an der Landungsbrücke des Donaukanals vor Anker stand, mit grünen, rosa, gelben Lampions behangen. Aus dem Salonfenster der Großmutter am Schottenring 35 konnte ich auf das Schiff hinabschauen, während ich heiße Schokolade trank und der Dampfer, vollbeladen mit Kindern, Schulkindern womöglich, tutete und von der Landungsbrücke abstieß, sich radschlagend westwärts gegen Kahlenberg, Leopoldsberg und Nussdorfer Spitz wandte, bevor er blinkend hinter den braunen Vorhängen der Großelternwohnung verschwand.

Während einer Stockholm-Reise traf ich den Schriftsteller Peter Weiss, um ihm ein gemeinsames Buchprojekt vorzuschlagen: *Schlagwortgespräch ohne Stimme* wollte ich es nennen, es sollte rund hundert Begriffe beinhalten, wie etwa Marsch, Einmarsch, Aufmarsch, Hakenkreuzfahne, Hitler, Judentum, Emigration, Flucht etc., die Weiss außerhalb und ich innerhalb des Deutschen Reichs kennengelernt hatten. Wir, deren Väter Juden waren, waren beide jüdische Mischlinge. Beim Abschied wagte ich es, ihm das erste Kapitel meines Roman-Manuskripts zuzustecken.

Denselben Text schickte ich an die damals gegründete österreichische Literaturzeitschrift *Literatur und Kritik* und staunte: Das Kapitel wurde innerhalb kürzester Zeit veröffentlicht. Der Schriftsteller Peter O. Chotjewitz, damals in Berlin als Lektor für den Rowohlt Verlag tätig, sowie eine Lektorin des Salzburger Residenz Verlages schrieben mir als Reaktion auf die kleine Veröffentlichung, erkundigten sich nach Umfang und Art des gesamten Manuskripts, an dem ich arbeitete. Ich machte mir Hoffnungen, stärkte es doch mein Feiertags-Schriftstellertum ein wenig. Immerhin waren Blicke ganz und gar Außenstehender über meinen Text gegangen. Und dann erhielt ich einen Brief aus München. Ein junger Lektor, Michael Krüger, erst seit kurzer Zeit für den Hanser Verlag tätig, reagierte nahezu enthusiastisch und bat mich, ihm das fertige Manuskript zuerst zu zeigen.

Als ich endlich so weit war und mit dem Ergebnis überaus glücklich, ja sogar stolz wie nie in meinem Leben, übergab ich das Konvolut dennoch zunächst Chotjewitz. Er hatte seine Lektoratsarbeit für Rowohlt in der

Zwischenzeit allerdings aufgegeben, wollte das Manuskript dem Verlag zwar empfehlen, aber nun würden, wie er meinte, erst drei weitere Lektoren ihre Meinung abgeben, dazu noch der Cheflektor und Herr Ledig-Rowohlt höchstpersönlich. Mit einer Entscheidung sei daher vor einem Jahr auf keinen Fall zu rechnen, warnte er.

Ich sandte das Manuskript daraufhin nach München an Michael Krüger, der mir bereits wenige Wochen später mitteilte: „Das gefällt mir so gut, wir werden das drucken." Er schlug mir einen neuen Titel vor, der mir sofort einleuchtete: „Nennen wir das Buch doch schlicht *Wohnungen!*"

Als ich Vater den ersten Umschlagsentwurf des Verlags für den Roman zeigte, hielt er ihn an der Gartenbalkontür ins Sonnenlicht und murmelte: „Und was willst du dem Lloyd sagen, wenn er dich fragt, wann du diesen Roman geschrieben hast? Er wird sicher argwöhnisch vermuten, du hättest ihn in der Geschäftszeit geschrieben!"

Unvergesslich der Moment zu Pfingsten 1969, als in der Küche ein gelb verschnürtes Express-Paket lag – die ersten Druckfahnen der *Wohnungen*. Ich sehe mich noch die Verschnürung mit einer Geflügelschere aufschneiden und im Stehen, mit Herzklopfen, zu lesen beginnen. Ich lief dann zum Telefon, um zuerst dem richtigen Fischer die Neuigkeit mitzuteilen und bemühte mich, unpathetisch zu klingen, obwohl ich viel lieber ausgerufen hätte: Ich weiß jetzt ungefähr, wie sich der alte Gutenberg angesichts der ersten Druckfahnen gefühlt haben muss! Ich hatte schon unzählige Druckfahnen von eigenen Gedichten, Aufsätzen, kunsthistorischen Berichten, Buchrezensionen vor mir gehabt, ohne von diesem Gefühl übermannt worden zu sein, und sagte zu Vater dann schlicht: „Die Druckfahnen sind da!"

„Gut, du kannst sie mir ja in den nächsten Tagen zeigen!", gab er trocken zurück. Meine Enttäuschung war groß. Er sagte allen, nichts interessiere ihn brennender als mein Buch und er wolle alles tun, um mir Schreibzeit sicherzustellen. Erst kurz davor hatte ich geklagt, dass mir die vereinbarten Wochenenden kaum zum Schreiben blieben, wenigstens die wolle ich wieder ungestört für mich haben. Er nickte betrübt, doch schon am darauffolgenden Sonntag läutete um neun Uhr morgens das Telefon, aus dem Geschäftliches quoll.

Wohnungen erschien zur Buchmesse und erhielt in der deutschsprachigen Presse nahezu ausschließlich positive Kritiken. Ich fühlte mich als Schriftsteller bestätigt. Hilde Spiels Rezension für die *Weltwoche* freute mich am meisten, darin hieß es: „Hier wird das Phänomen Wien, die einzigartige Ausstrahlung dieser Stadt, auf die zwingendste Weise seit Heimito von Doderers großen Chroniken vermittelt."

Ein halbes Jahr später weckte mich eines frühen Morgens ein Anruf aus dem Tiefschlaf. Ich war sicher: Vater störte mich mit einer dringlichen Aufgabe, und ich ging deshalb nicht an den Apparat. Es läutete ein zweites, dann ein drittes Mal, bevor ich endlich abhob. Der Hanser-Verleger Christoph Schlotterer gratulierte mir zur Verleihung des prestigeträchtigsten Literaturpreises der Schweiz – den unter anderen Max Frisch, Heinrich Böll, Peter Weiss erhalten hatten – benannt nach dem Industriellen und Literaturmäzen Charles Veillon. Ich nahm den Preis nach einem windgebeutelten Flug über die Alpen bereits zwei Tage später in Lugano in Empfang: am 8. Mai 1970, dem fünfundzwanzigsten Jahrestag des Endes des Zweiten Weltkriegs.

„Ich habe mich um zwölf Uhr in den Wagen geworfen", sagte Michael Krüger, „und bin in fünf Stunden in Lugano gewesen, bin gerne vom Verlag weg, eigentlich wollte Schlotterer kommen, aber ich habe gesagt, das ist meine Sache, schließlich habe ich Sie gebracht!" Ich freute mich, dass Krüger und nicht Schlotterer gekommen war.

Ein paar Stunden vor der Preiszeremonie erfuhr ich vom Selbstmord Paul Celans. Er hatte sich bereits Ende April in der Seine ertränkt. Mir fiel der Besuch bei ihm ein, in meinem Studienjahr an der Sorbonne. Als ich mit Vater telefonierte und ihm sagte: „Paul Celan ist tot!", antwortete er: „Und was willst du von mir: Soll ich jetzt weinen?" Und dann nahm ich aus der Hand des calvinistischen Versandhandels-Millionärs Charles Veillon ein braunes Kuvert entgegen, in dem fünftausend Franken in Tausendfranken-Noten lagen.

Ich hatte jetzt nur noch ein Ziel vor Augen, nämlich im selben Jahr den zweiten Band meiner Romantrilogie, an dem ich bereits zu arbeiten begonnen hatte, fertigzustellen. Ich zerbrach mir den Kopf, wie dieses Vorhaben in den Marlborough-Stundenplan einzubauen wäre. Wie, wann, und wie lange würde ich schreiben können, nein, dürfen?

„Also geh zum Lloyd hinein", riet mir der richtige Fischer, zog mich am Rockrevers, stupste mich an der

Schulter in das kleine Bürozimmer des Chef-Chefs. Dort stotterte ich: „Ich hab' da ein Problem, Frank, hast du vielleicht zwei Minuten Zeit?"

„Ich habe immer Zeit", bellte der und lief aus dem Zimmer, um eine Sekretärin lautstark auf eine Buchungsumstellung aufmerksam zu machen und eine andere nach einem Akt zu hetzen, der augenblicklich auf seinen Schreibtisch zu kommen hatte. Er lief zu mir zurück, sagte: „Ich habe immer Zeit!", hob zugleich das Telefon ab, gab eine Voranmeldung für ein Gespräch mit seiner Zürcher Bank auf, „ich habe immer Zeit, also: Was willst du?"

Ich brachte mein Sündersprüchlein von der Zeit vor, die fehlte. Mit dem großzügig gewährten freien Montag neben dem Samstag sei der geplante Band bis Jahresende unmöglich fertigzustellen. Der Chef-Chef wurde milde, gab sich sogar onkelhaft und meinte, dass man so etwas, wie auch Schwangerschaften, nicht aufhalten könne. Ich sollte nicht noch einen Halbtag, sondern lieber gleich ein paar Monate frei sein, um das Buch schreiben zu können. Ich glaubte nicht recht zu hören. Unglaublich, Frank Lloyd wurde vor meinen Augen fast zu einem Mäzen!

Und doch war mir etwas mulmig bei der Sache. Lloyds Verhalten fiel allzusehr aus dem Rahmen. Das sagte ich dann auch meinem Vater. „Du misstraust ihm wieder einmal", entgegnete er, „dein Bucherfolg und dein Preis haben ihm eben imponiert!"

Doch bereits zwei Tage später, ich schrieb gerade mit guter Konzentration an den *Möblierten Zimmern*, rief Vater an. Mit Schützengrabenstimme flüsterte er in den Hörer: „Wie soll ich mich verhalten? Der Lloyd hat auf die

Sparliste mit den Namen der Entlassungswürdigen neben deinen Namen ‚HALF PAY' geschrieben!"

Es kam in den darauffolgenden Tagen zu einem großen Streit mit meinem Vater, der schließlich in der Warnung gipfelte: „Ich entziehe dir ab sofort die noch verbliebene Hälfte deines Monatswechsels!"

Stolz dachte ich: So soll es sein! Ich werde frei sein, ich werde mich ganz und gar einem Leben als Romancier widmen! Eine heroische Vorstellung erfüllte mich. Ich sollte und wollte mein Leben von Grund auf ändern. Ein wahrer Rausch erfüllte mich, der allerdings nur wenige Tage dauern sollte. Ein Taumel, als ich einsehen musste: Wie soll ich vom Schreiben leben? Jutta hatte längst kein eigenes Einkommen mehr. Wer zahlt für Brot und Fleisch und Wein, fürs Bier und für den Fisch? Wer ernährt unsere Kinder? Wer begleicht die Gas- und Elekrizitätsrechnung? Wer kauft den beiden Töchtern und dem neugeborenen Sohn künftig etwas zum Anziehen? Und wovon bezahlt man die Sommerferien?

Und so blieb mein Leben, wie es war. Alles andere wäre Donquichotterie gewesen. Umso mehr, als meine Bewerbung um den frei gewordenen Posten des Wiener „Museums des 20. Jahrhunderts", zu Jahresbeginn 1969, fehlgeschlagen war: Ich konnte mich im Intrigensumpf meiner ehemaligen Heimatstadt nicht durchsetzen. Es war mir erspart geblieben, mich ins Wiener Wespennest zu setzen, nur um Lloyd loszuwerden und wieder im deutschen Sprachbereich zu leben.

Der zuständige Sektionschef im Unterrichtministerium hatte mich gewarnt: „Die Gehaltserwartungen für diesen Posten bewegen sich je nach Familienstand und der Anrechnung von Vordienstzeiten zwischen sechs- bis achttausend Schilling monatlich. Ich kann diesen Posten nicht aus dem Gehaltsschema der Museumsbeamtengehälter nehmen, sonst kommen die Direktoren der anderen Museen gerannt und wollen auch mehr!“ Niemals wäre ich mit diesem Gehalt über die Runden gekommen!

Henry Moore

Meine oftmaligen Begegnungen mit den wichtigsten Künstlern der „Marlborough Schönen Künste Gesellschaft“, wie ich die Galerie nannte, hatten mich, wie angedeutet, von Anfang an interessiert, oft amüsiert, nicht selten sogar fasziniert. Auch während der Arbeit an *Wohnungen* und *Möblierte Zimmer* kam ich regelmäßig mit Henry Moore, Francis Bacon und Oskar Kokoschka zusammen – Erlebnisse, die ich nicht missen möchte.

Moore lebte auf dem Land, in Much Hadham, im Bezirk Hertfordshire, etwa eine Autostunde nördlich von London in einer Ideallandschaft, wie man sie aus den Gemälden Thomas Gainsboroughs kennt. Henry hatte im Lauf der Jahre nach und nach das ganze Areal um sein Haus aufgekauft und besaß schließlich ein paar Hektar. Dort befanden sich seine Ateliers, und inmitten der weiten Wiesen und umliegenden Felder stellte er seine Werke auf, bevor sie von den Museen der Welt angekauft wurden. Ich besuchte ihn oft, schlenderte durch das großzügige Fachwerk-Farmhouse im Tudorstil mit der verandaartigen Wohnzimmerhalle, die er in den sechziger Jahren an das gemütliche alte Wohnhaus hatte anbauen lassen. Der Blick fiel auf Steine, Astformen und vom Meerwasser verwaschene Wurzelknollen, die Henry bei Spaziergängen am Strand aufgelesen hatte und die von der Natur offenbar „nach Moore“ geformt worden waren – oder war es doch umgekehrt? Ich streifte an einem frühmittelalterlichen italienischen Taufbecken, an kretischen Kleinplastiken und einer Schale mit bunten Marmoreiern vorbei. Auf der Fensterbank lagen die Knochen von Narwalen, am Esstisch die tellergroße, buntschillernde Scheibe eines versteinerten Baumes. Der wunderbare Garten vor den Rundblick gewährenden Fenstern, den seine Frau pflegte, war paradiesisch schön. Irinas ganzer Stolz galt der Kakteenzucht und den zahlreichen kindskopfgroßen Stachelkugeln.

Wenn ich in Much Hadham ankam, saßen Henry und Irina meist noch in der Küche am Frühstückstisch und waren mit den Tageszeitungen und der Morgenpost beschäftigt. Er trug wie immer eine seiner verschrumpelten Hosen und ein farbiges Hemd, nie ohne Krawatte, allerdings weich und aus Wolle gewebt, rief zur Begrüßung mit Bubenlächeln im rosigen Gesicht: „Jolly good, jolly nice!" Und führte mich dann in seine Ateliers oder zeigte mir die auf den Wiesen stehenden fortschreitenden Arbeiten.

Neben einem schwarzen, bauchigen Atelierofen stand – auf einem schwarzen Holzpostament – das Gipsmodell seines *Atompiece*, eine pilzartige Rundform, der verfestigte Atompilz von Hiroshima. Das Werk war als Monument für die Atomforschungslaboratorien der Universität Chicago gedacht, sollten die Trustees der Institution dem zustimmen. Henry stand vor dem Modell, fuhr mit der Hand über die Oberfläche und zeigte mir, wo er eine Ecke abgeschliffen hatte: „Ich habe die obere Rundung glatter gemacht, schau hier, Stücke der Naht, wo die beiden Gussstücke aufeinandertreffen." Er sprach immer über die handwerklichen Probleme, die es noch zu lösen galt. Sooft ich ihn vor seinen Werken sah, äußerte er sich in dieser Art. Ebenso, wenn er vor den Werken anderer

Künstler stand. Im Metropolitan Museum in New York machte er mich einmal vor einem Gemälde von Ingres darauf aufmerksam: „Das Knie des Aktes sitzt nicht richtig. Erkennst du das?“

Man querte einen Kiesweg und kam in ein zweites Atelier, wo Zeichnungen, Fotos, alte Zeitschriften, Knochenstücke, Gipsfigürchen von Finger- und Handgröße herumlagen. Eine Art Wunderkammer, Ideenlaboratorium, Zeichenkabinett voller Gipsmodelle und Bildhauerwerkzeugen, Notizblöcken, Farbkreiden, Drehgestellen und einem von Gipsstaub bedeckten uralten Telefon. Eine neue *Three-Point*-Figur stand da, die eben nur an drei fingergroßen Punkten Kontakt mit der Basis hatte. „Und hier, diese Skulptur kann man auf einer eingelassenen Scheibe drehen; eine Patentlösung für sehr kleine Räume.“ Henry Moore hatte sich immer Kinder gewünscht, aber Irina konnte offenbar viele Jahre lang keines bekommen. Bis plötzlich – endlich! – doch eine Tochter geboren wurde. Man nannte sie Mary. Nun begann Moore – er war so bewegt und ergriffen –, ein Hauptwerk zu erschaffen, das er *Family Group* nannte. Zwei Jahre lang entstanden dann nahezu ausschließlich *Family Groups*, in drei verschiedenen Größen. Mein Vater redete ihm ein, von den ganz großen Abgüssen nur zwei Exemplare herstellen zu lassen, von den mittelgroßen sechs und von den kleinen neun. Da bereits die kleinen mehrere tausend Pfund einbrachten, war das ein gutes Geschäft. Henry aber meinte nur: „Geld interessiert mich nicht mehr so sehr; ich will nur die Wiesen um mein Haus aufkaufen, damit mich niemand stört!“

Ein besonderer Auftrag von Henry Moore in den sechziger Jahren betraf eine Skulptur für das New Yorker Lincoln Center. Eine sehr große Liegende aus Bronze in zwei Teilen, die in einem kleinen Teich an der Nordseite der Metropolitan Opera aufgestellt werden sollte. Der eine Teil ähnelte Kopf und Torso eines menschlichen Körpers, der zweite den Beinen, das alles in abstrakten Formen. Es fehlen Arme, Hände, Füße, und dennoch strahlt die Skulptur etwas ungemein Lebendiges aus. Moore arbeitete damals bereits seit vier Jahren daran. Ich durfte alle Wachstumsphasen der Brunnenfigur miterleben und zuletzt Henry im Auftrag der Galerie nach New York begleiten, wo er die Aufstellung dieser Riesenplastik mit dem Titel *Reclining Figure* überwachen sollte. Wir trafen uns in Rom und wollten vor dem Abflug noch das Pantheon und die Ara Pacis, den Altar für Kaiser Augustus, sowie die Basilika Santa Maria in Cosmedin aufsuchen. Henrys Interesse galt an allen Orten zuerst stets den Steinarten und ihrer Bearbeitungsweise, zum Beispiel den viereckigen und runden Löchern am Giebel des Pantheons: Waren daran vielleicht Steinplatten befestigt worden? Er näherte sich Architekturen und Skulpturen eher wie ein Steinmetz, jedenfalls aber als Praktiker: „… siehst du, wie dieser Block an den Ecken zu verwittern beginnt?“, fragte er mich, während ich noch Jahre nach meiner Ausbildung zum Kunsthistoriker unter den Nachwehen meines Studiums litt, indem ich viel mehr auf Daten, Auftraggeber und Einflüsse achtete. Während des Alitalia-Fluges nach New York, verwöhnt in der ersten Klasse, fragte ich Henry, ob er die große Giacometti-Ausstellung in der Tate Britain gesehen habe? „Natürlich!“, gab er zurück, „aber Signor Giacometti wird überschätzt. Sein berühmter Hund mit den hängenden Ohren: eine Kopie nach einem griechischen Vasenbild. Ich habe eine Abbildung des griechischen Hundes zuhause, kann sie dir gerne zeigen. Giacomettis Längung der Figuren? Das ist Mittelmeerkunst vor der griechischen Plastik. Wenn Kunstkritiker doch nur öfter ins British Museum gingen! Sie könnten alles in historische Perspektiven setzen und dem Publikum bessere Erklärungen geben. Ich wette mit dir, dass selbst John Russell oder Nigel Gosling und wie die berühmten Kritiker alle heißen, in diesem Jahr kein einziges Mal im British Museum waren. Sie schauen sich vielleicht manchmal Bilder in Museen an, aber von der Geschichte der Plastik wissen sie rein gar nichts. Sie gehen in Galerieausstellungen und nehmen alles vom Standpunkt der Tagesaktualität auf. Der große Erfolg Giacomettis in England hängt mit der malerischen Qualität seiner Skulpturen zusammen. Das englische Publikum ist ein Bilderpublikum. Als ich begann, konnte ich die Sammler moderner Plastik an einer Hand abzählen. Das hat sich Gott sei Dank geändert! Cheers auf New York und die Lincoln Center-Brunnenfigur!" Wir stießen mit Wodkagläsern an und verschlangen zitronenbeträufelten Kaviar.

„Wer weiß, vielleicht wird die Aufstellung ein Fiasko", setzte er fort, „vielleicht wird es die schrecklichste Woche meines Lebens? Ob die Proportionen zwischen Gebäude und Figur stimmen, weiß ich vor einer Aufstellung nie. Und der geplante Platz im Betonbecken könnte unter Umständen nicht zu den Lichtverhältnissen passen?"

Nach einem Kriegsfilm mit Sophia Loren vertrieben wir uns die Zeit mit Fragespielen. „Was bewirkt den

Wechsel zwischen landwärts- und seewärts-blasenden Brisen an den Küsten?", fragte Henry, oder auch: „Welche Stadt liegt südlicher: Rom oder New York? Woraus besteht das Trinkglas vor dir?" Mir fiel auf, dass er niemals historische, literarische oder humanistische Fragen stellte. Ich wollte daher von ihm wissen, wann Karl der Große gekrönt wurde? „Das weiß ich wirklich nicht!", stöhnte er.

In New York angekommen, hatte ich durchschaut, warum man mich als Begleiter auserkoren hatte. Meine eigentliche Aufgabe bestand darin, den berühmten Mann nicht aus den Augen zu lassen und vor allem achtzugeben, dass er nicht allzu weit in Richtung der amerikanischen Galerie Knoedler & Co. abtrieb, die ein großes Interesse an ihm hatte.

In der folgenden Woche überwachten wir gemeinsam den Aufbau der *Reclining Figure*, nicht selten von Journalisten, Film- und Fernsehkameras beobachtet. Noch ruhten die beiden Figurenstücke unausgepackt und schüttelsicher verspreizt in blockhausgroßen Kisten der Berliner Spedition, die mit einem finnischen Frachter nach New York verschifft worden waren.

„The nicest place in New York", stellte Henry Moore auf unseren täglichen Fahrten vom Hotel zum Lincoln Center fest, „is this air-conditioned limousine." Wir hatten so etwas damals noch nicht erlebt: ein Knopfdruck, und Kaltluft strömte aus der Wagendecke; ein Knopfdruck, und die trennende Glasscheibe zwischen dem Chauffeur, Henry und mir ging empor oder verschwand; ein Knopfdruck, und die Fenster öffneten sich, schlossen sich, öffneten sich. Kinderspiele, während wir durch das feuchtheiße New York gondelten. Der Wagen durchpflügte die Sonnenhitze zwischen den Wolkenkratzerfassaden wie ein kühler Fisch.

Es brauchte Tage, bis die beiden Gussstücke aus ihren Holzkisten geholt und Zentimeter für Zentimeter in Richtung des Wasserbeckens bewegt worden waren. Der Vorgang erinnerte mich an die Technik des Pyramidenbaus oder die Errichtung eines Hünengrabs.

Eines Abends standen die beiden Teilstücke endlich im Bassin, Scheinwerfer vom Dach der Oper bewirkten Lichtspiele auf der Bronzeoberfläche. Henry schien äußerst zufrieden, das konnte man an seinem Spitzbubenlächeln ablesen.

Die vierzehnjährige Tochter von Albert A. List, des Millionärs, der die Lincoln Center-Figur finanziert hatte, rollte eine Hand zu einem Fernrohr zusammen, schaute so auf das Kunstwerk und ging auf Henry zu, nahm ihn am Rockzipfel, führte ihn ganz nah an die Figur heran, deutete auf das Kopfende und sagte laut: „I think this square part under the head is wrong. It doesn't fit. I don't like it!" Die Anwesenden, ich inbegriffen, erstarrten. Henry aber, gelöst, fröhlich, vielleicht sogar ein bisschen beschwipst, lachte, nahm das Mädchen an der Schulter, umarmte sie und bemerkte: „She's just like my daughter Mary!"

Jahre später: Ein Tag mit Henry, der mir deutlich in Erinnerung geblieben ist, nicht zuletzt, weil er Moores Wesen gleichsam „in a nutshell" widerspiegelt. Ludwig Poullain, der damalige Vorstandsvorsitzende der Westdeutschen Landesbank, hatte sich zu einem Besuch in Much Hadham angesagt. Eine kleinere Skulptur von

Henry Moore hatte er zuvor bereits für die Bank angekauft. Nun wollte Poullain den Meister in seinen Ateliers erleben. Unter Umständen würde er sich im Zuge der persönlichen Begegnung ein weiteres, größeres Werk aussuchen.

Zuerst führte Henry den Besucher in ein kleines Studio, in dem Originale aus Marmor, Basalt und Holz standen, auch jenes seit Monaten im „Schnitzzustand" befindliche neue Holz, welches mein Vater und ich nach langem Suchen bei einem Spezialholzhändler in der richtigen Größe, im richtigen Alterszustand und mit der richtigen Maserung für ihn aufgetrieben hatten. Daneben die große Liegende aus den vierziger Jahren, ebenfalls aus Holz, deren Äderung Henry behutsam mit den Fingern nachzog. Dann schlug er klatschend auf die marmorne weiße Figur daneben, die wie ein Riesenknochen mit eingebissenem Loch aussah und drehte eine Figur aus schwarzem Stein ins bessere Licht, als ob er hier täglich an der Arbeit wäre, obwohl ich wusste, dass er diese Räume mehrmals in der Woche nur mit Gästen zum Zweck des „Showmanships" betrat.

Der angeschnitzte Block war seit Monaten unverändert geblieben, und die Arbeit wurde – wenn überhaupt – immer nur von Henrys Assistenten besorgt. Der Olympier der zeitgenössischen Monumentalbildhauerei lieferte damals nur noch faustgroße Handmodelle aus Gips. Alles andere – Vergrößerungen, Ausführungen im Detail, Schnitzen und Patinieren – besorgten Vorarbeiter und Hilfskräfte der Skulpturenfabrik. Dank Henrys geschickter Propagandatouren behielten seine Werke jedoch das Signum, aus seiner kleinen Studio-Werkstatt zu kommen, wo der ewig und höchstpersönlich herumbosselnde Reserve-Michelangelo angeblich täglich am Werk war. Andernfalls wären nämlich die Preise in Gefahr gewesen, ins Wanken zu geraten.

Am unteren Ende des parkartigen Gartens standen Figuren in der Landschaft, um dort, wie Moore sagte, „ausprobiert" zu werden. Vor einem grauen, langgestreckten Atelier war eine neue, große, dreiteilige Plastik, *Large Vertebrae,* zu bewundern. Die Formen sahen wie überdimensionierte Wirbel eines Dinosauriers aus, daher der Name. Der Guss war noch messinghellblank, so wie er aus der Gießerei Noack in Berlin angekommen war, das Patinieren würde erst später vorgenommen werden. Apropos Noack: Mein Vater hatte die Verbindung zwischen Moore und dem Berliner Bronze- und Glockengießer einst hergestellt, ein traditionsreicher Betrieb, aus dem zum Beispiel auch die berühmte Quadriga auf dem Brandenburger Tor stammt.

Moore wollte noch ausprobieren, ob er dem Werk überhaupt eine andere Patina verpassen oder sie so belassen solle: „One likes to try out different patinations after Noack has completed the casting, sometimes making them darker, or if preferring a green patination, doing just that. Or as in this case, leaving it as they are. Actually, I prefer them as they are. I like this brightness!", stellte er fest und spielte sein sympathisches Bubenlachen aus. Der Bankier nickte, als ob ein mittelalterlicher Alchimist und Metall-Mystiker über geheimnisvolle Kräfte gesprochen hätte, die beim Gussverfahren zu bedenken seien.

Einmal im Besitz von Macht und Weltruhm, darf man sich jede Banalität erlauben, dachte ich. Gemeinplätze, die man keinem Schulbuben durchgehen ließe, wurden wie Christusworte angenommen. „One can imagine these three forms interlocking“, setzte Henry fort und legte die beiden zur Faust geballten Hände demonstrierend auf die messinghelle und glatte Fläche „or one can spread them out in a line. One could also consider to place them in a way to form a triangular shape.“

Auf die Frage des Besuchers, ob denn *Large Vertebrae* ein Einzelwerk bleiben oder ob dieser Guss je durch eine Kopie wiederholt würde, versprach Moore, wobei er verlegen lachte, dass er in Europa keine weiteren Abgüsse zulassen wolle. Poullain insistierte: Ob denn vielleicht ein Steinmodell der *Large Vertebrae* existiere? Diese heikle Frage wurde geschickt übergangen: „Es gibt immer ein Modell aus Gips, heutzutage auch aus Glasfasern. Danach nimmt Noack diese Modelle nach Berlin und gießt die Formen, aber die Kosten für meine Skulpturen haben sich in letzter Zeit verdoppelt, weil das Pfund so stark entwertet wurde! Nachdem das Modell gegossen wurde, zerstört Noack es normalerweise, damit niemand es nachahmen kann. Allerdings gebe ich einige Modelle dem Museum in Toronto, mit der Auflage, dass auf keinen Fall ein Nachguss hergestellt werden dürfe!“

Die von Moore und mir hingeworfenen, wenn auch simpel erscheinenden Fachausdrücke wie Guss und Gussform, Original und Auflagenhöhe, Noack, Berlin, Zerschneiden des Gipsmodells, Fiberglas, Auflagennummern, Großplastiken in kleinen und Kleinplastiken in größeren Auflagen, von den ganz großen Monumentalplastiken wiederum nur ein Exemplar pro Kontinent, Stein-, Holz- und Bronzeformen und noch viele andere

Details, die wir im Bildhauer-Rotwelsch formulierten, mussten den interessiert lächelnden und gleichzeitig verstohlen auf seine Armbanduhr schielenden Ludwig Poullain bereits so sehr verwirrt haben, dass er den weiteren, mit volksschulhaftem Lehrerpathos vorgetragenen Ausführungen Henrys noch widerstandsloser als zu Beginn des Rundgangs lauschte.

Ein wenig schüchtern kam er mir vor, als er sich von uns mit den Worten verabschiedete: „*Large Vertebrae* kommt für das neue Gebäude der Westdeutschen Bank in Düsseldorf durchaus in Frage. Mein Büro meldet sich bei Ihnen!“

Henry grinste, und seine leuchtend hellblauen Augen funkelten. War das nicht der lang vorbereiteten Inszenierung schönster Lohn?

Francis Bacon – Designer of Angst

Der sensible, offen homosexuelle Maler gequälter Figuren war neben Henry Moore das größte Genie der englischen Gegenwartskunst. Auch er wurde in den Jahren 1958 bis 1992 von der Marlborough Galerie vertreten. Damals noch recht unbekannt, erschien er eines Tages im Büro meines Vaters und machte einen Vorschlag: „Wenn Sie mir einen Scheck über vierhundert Pfund ausstellen, damit ich meine Spielschulden decken kann, verlasse ich meine Galeristin Erica Brausen und komme zu Ihnen."

Vater gab Francis Bacon den Scheck, ohne zu zögern; er kannte sein bis dahin entstandenes Werk und bewunderte dieses. Es war ein eigenmächtiger Entschluss, ohne jede Rücksprache mit Frank Lloyd, der gerade im Urlaub weilte, und wohl wissend, dass sein Partner der Wahl eines neuen Künstlers für die Galerie niemals zugestimmt hätte. Auch David Somerset schien wenig begeistert, als Bacon zu Marlborough stieß, saß lange vor einem seiner Bilder, starrte es an und bemerkte schließlich: „I wonder whether you will ever make a killing with that!" („Als ob wir damit etwas ‚reißen' könnten!")

Marlborough bezahlte Bacon also von Anbeginn ein monatliches Salär für eine bestimmte Anzahl von Bildern pro Jahr. Ein neues Prinzip, das damals keine andere Kunstgalerie verfolgte und Teile der internationalen Kunsthändlerschaft sogar zur Weißglut trieb. Unsere Methode sollte den Kunsthandel im Grunde revolutionieren, denn mit dem Monatswechsel wollten wir bestimmte Künstler an die Galerie binden. Und Bacon wusste: Ich bin in Sicherheit für die kommenden Jahre.

Die ersten Werke, die ich von Francis sah, waren seine Päpste mit weit aufgerissenen, schreienden Mündern, denen Blut aus den Augen drang. Vater hat stets behauptet, dieses berühmte Motiv beruhe auf seiner Initiative: „Was soll ich als nächstes malen“, habe Bacon ihn eines Tages gefragt. Woraufhin der richtige Fischer ihm geraten habe: „Malen Sie Päpste!“ Also malte Bacon Päpste, inspiriert von Velazquez' berühmtem Gemälde Papst Innozenz' X.

Francis – ein unbeständiges, verwirrtes, boshaftes, perverses, dann wieder engelsgleiches, geniales „Kind“. Er war schwerer Alkoholiker, sein Lieblingsgetränk der Champagner. Whisky, Cognac, Wodka wurden ebenfalls in rauen Mengen konsumiert. Zwischen sieben und zehn Uhr morgens pflegte er ein Bild zu malen, danach legte er sich schlafen. Am Abend ging er aus, zumeist ins als Künstlertreff berühmte Lokal *The Colony Room* in Soho und besoff sich erneut.

Francis trug immer enganliegende Hosen über seinen mädchenhaft schmalen Hüften und ein braunes oder schwarzes Lederjackett. Die weiche Gesichtshaut war immer blass und ein wenig feucht. Er schien alterslos, bewegte sich tänzelnd und war kaum je ohne Begleitung eines seiner Knaben. Die Haare waren so pechschwarz, dass es schien, als färbte er sie mit Schuhpaste. Er erinnerte mich im Aussehen ein wenig an einen seltenen Fisch, an ein Wesen aus den Tiefen des Meeres. Seine Augen verrieten keinerlei Emotion. Er blieb stets ein

Enigma. Über seine Kindheit und Jugend, sein Aufwachsen in Irland oder über seinen Vater, der Rennpferde trainierte, verlor er kein Wort. Er war immer höflich, auch wenn seine Höflichkeit etwas hohl und oberflächlich wirkte. Zugleich war er unersättlich, immer auf der Jagd nach neuen Liebesabenteuern. Für mich ging auch etwas Bösartiges von ihm aus, eine Art schwelender Heimtücke, die ich in seinen Werken widergespiegelt sah.

In einer meiner ersten Erinnerungen sehe ich ihn im kleinen Galeriebüro im dritten Stock der Marlborough einen Scheck von dreitausendfünfhundert Pfund in Empfang nehmen, ihn mit der linken Hand in der Luft umherschwenken und ungerührt beinahe fröhlich sagen: „Das geht alles zur Steuer, dieses Geld wandert direkt von hier zur Steuer …!“ Dann steckte er das Papierchen in sein Lederjackett und erzählte eine seiner typischen, äußerst bösen Gossip-Geschichten, die oft um Künstler kreisten, die er als Konkurrenten empfand.

Eines Nachmittags kam er mit glasigem Blick in die Galerie, lehnte sich gegen den schwarzen Lederstuhl im Chefzimmer und stöhnte: „I need money, Harry!“ Er zeigte uns den Brief seines Anwalts, der neue Schulden, darunter wieder große Steuerschulden, einforderte.

„Ich bin so besoffen, Wolfgang!“, stammelte er, „helft mir, bitte helft mir. Warum bin ich betrunken, Wolfgang? Weil mein Leben so schrecklich ist in letzter Zeit. Aber dafür weiß ich, was Schönheit ist! Ich habe heute eines meiner schönsten Bilder gemalt, Wolfgang: Eine Frau schüttet Wasser aus einer Schale, während ein halb gelähmtes Kind versucht, sich ihr auf allen Vieren zu nähern.“

Miss Valerie Beston, unsere Chefsekretärin, holte das große, meergrün schillernde Firmenscheckbuch hervor. „How much do you want, Mister Bacon?“, fragte sie. „I think I want nine thousand“, gab er zurück. Und zu mir gewandt: „Wenn ich noch zehn Jahre leben sollte, Wolfgang, werde ich nichts als Schönheit erschaffen, versprochen! Weißt du: Manchmal hasse ich meine Bilder, aber ich versuche, nicht modisch zu sein, damit ich à la mode bleibe, verstehst du, wie ich das meine, Wolfgang? Ich habe gerade Barbara Hepworth besucht, in St. Ives, eine süße alte Schachtel, ich mag sie gerne, aber sie versucht, total mit der Mode zu gehen, wie so viele. Ich aber nicht! Henry Moore auch nicht! Ich weiß, was Schönheit ist, Wolfgang, glaube mir!“

Während Francis betrunken monologisierte, unterschrieb mein Vater den Scheck über neuntausend Pfund.

Miss Beston sagte daraufhin: „Wir werden Ihnen den Scheck mit der Post zusenden, Mister Bacon.“ Sie hatte nämlich Angst, dass er ihn unterwegs verlieren könnte. Francis nahm mit unsicherem Griff ein Scheckbuch aus der Innentasche seiner abgeschabten Lederjacke, schrieb seinen Namen unter zwei Schecks über fünftausend und viertausend Pfund und bat Miss Beston, seine Schulden damit zu begleichen.

„Wissen Sie, Miss Valerie“, lallte er dann, „ich habe heute eines meiner schönsten Bilder gemalt: Eine Frau schüttet Wasser aus einer Schale, während ein halb gelähmtes Kind versucht, sich ihr auf allen Vieren zu nähern!“

„Wie groß ist Ihr neues Bild?“, wollte Vater wissen. „Können wir es morgen, spätestens übermorgen abholen?“

Am nächsten Tag kam Francis schüchtern lächelnd in die Galerie, der Rausch des Vortags war über die irische See geflogen oder im schottischen Hochland versickert. „Also, wann dürfen wir das neue Bild abholen lassen?“, fragte mein Vater am Treppenabsatz.

„No, Harry, no“, bekam er zur Antwort, „you can't … it's not ready, I will have to work on it for a while …“

Anlässlich einer Ausstellung seiner Werke im März 1967 waren fast alle Bilder bereits vor der Vernissage verkauft worden. Die großen Formate erzielten bereits rund 200.000 Dollar. Einen Tag vor der Eröffnung kam Francis wieder einmal völlig betrunken in die Galerie, griff mit den Händen in die Luft, rollte die Augen und verkündete: „Wolfgang! Von nun an will ich nur noch Skulpturen erschaffen!“

„Das will er immer, wenn er besoffen ist“, flüsterte Vater mir zu.

Ich sah Francis dann am nächsten Abend zum allerersten Mal in einem Anzug stecken: stahlblau und gut geschnitten. Er kam mit seinem Liebhaber, einem jungen Mann namens George Dyer, einem Kleinkriminellen, der mit heftigem Cockney-Akzent sprach und ebenfalls schwerer Alkoholiker war. Dyers rostbraunes, ein wenig stupides Verbrechergesicht strahlte, er hob und senkte das Champagnerglas und schien viel leutseliger als Bacon. Er hatte auch Grund dazu: *George Dyer on the Bicycle*, oder *Study for the Head of George Dyer* hießen zwei von mehreren Werken, die ihn zum Thema hatten. Georgie-Boy bemerkte nicht ganz zu Unrecht: „Everybody tonight thinks that I am the star!“ Francis hingegen schaute auf die heringsdicht stehende Menschenmenge und fragte Vater: „Will they like my pictures, do you think?"

Einige Jahre später fand im Pariser Grand Palais die bis dahin größte Retrospektive von Francis' Werken statt. Dyer, der mit Bacon in Paris weilte, nahm an der glanzvollen Vernissage nicht teil, vielmehr blieb er im gemeinsamen Hotelzimmer zurück. Als Bacon nachts von seinem rauschenden Fest ins Hotel des Saints Pères zurückkehrte, fand er seinen Geliebten zusammengekauert auf der Toilette sitzend. George war tot. Er hatte sich während der Ausstellungseröffnung das Leben genommen.

Valerie Beston entpuppte sich damals als Schlüsselfigur, als Vertraute des ständig betrunkenen Bacon. Sie wurde einst als „Büroanfängerin" von meiner Großmutter Clarisse an Marlborough empfohlen und war im Verlauf eines Vierteljahrhunderts zur mächtigsten Angestellten der Galerie emporgestiegen. Sie war die Organisationskönigin nach der Tragödie. Jutta und ich hatten ein Zimmer im Hotel nebenan bezogen und bewunderten die Kaltblütigkeit, mit der die Chefsekretärin der Galerie die Formalitäten des Selbstmordes erledigte: Polizeiarzt, Überführungsanordnung, Aufklärung der Umstände an die französische Polizei, Lächeln am nächsten Morgen während einer Pressekonferenz.

Francis erholte sich nur langsam von diesem größten Schock seines damaligen Lebens. Und versenkte sich in Arbeit. Bereits vier Jahre später, im Frühjahr 1975, fand im New Yorker Metropolitan Museum eine noch weit umfangreichere Bacon-Ausstellung statt als jene in Paris. Es sollte die wohl wichtigste zu seinen Lebzeiten bleiben. Umringt von Gönnern, Sammlern, Fotografen,

Autogrammjägern und „Freunden“ des Museums hielt er Hof. Sein bartloses, aufgeschwemmtes Gesicht grimassierte freundlich wie die ewiglachende Michelin-Puppe, er tänzelte in den engen schwarzen Hosen und im Lederjäckchen zwischen den Bewunderern hin und her, unterschrieb Ausstellungskataloge, warf den Kopf nach hinten wie ein junges Mädchen, kam auf mich zu und sagte: „How is your father?“ Deswegen war ich nach New York geflogen?, fragte ich mich damals etwas pikiert. Um Francis Bacon Auskunft zu erteilen, wie es meinem Vater geht?

In der Ausstellung beeindruckte mich das violett-schwarze *Triptychon May–June 1973* besonders: Der linke Flügel mit der zusammengekrümmten Männerfigur auf der Klomuschel, der Mittelflügel mit dem großnasigen Profil unter der schirmlosen Glühlampe aus einer fledermausförmigen Schwarzform auftauchend, der rechte Flügel mit George Dyer über der Waschmuschel des Hotelzimmers, Blut erbrechend. Im Katalog gab es keinerlei biografischen Hinweis, aber in der Kritik der New York Times wurde immerhin Bacons enigmatischer Ausspruch vor diesem Triptychon zitiert: „Falls es in meinem Werk überhaupt um etwas Bestimmtes gehen sollte … diese Arbeit hat mit dem Selbstmord eines Freundes zu tun.“ Und ein zweiter Ausspruch lautete: „Vielleicht versucht man, bestimmte Erinnerungen ganz und gar hinter sich zu lassen. Aber das geht natürlich nicht.“

In der Bar des Hotels Stanhope gegenüber dem Metropolitan Museum beobachtete ich in jener Vernissage-Nacht Francis, wo er von einem Dutzend Bewunderern umgeben saß, darunter von seiner Schwester aus

Rhodesien und ihrem rotgesichtigem Mann, einem fröhlichen, pensionierten Colonel. Der englische Viehzüchter ließ in dieser Nacht einen Whisky nach dem anderen in sich hineinfließen, und sicherlich dachte er: „Verrückt … und dafür kriegt mein Schwager Geld …?!“

Oskar Kokoschka

Wir nannten ihn O.K. Der bedeutende österreichische Maler, der als entschiedener Antifaschist seiner Heimat den Rücken gekehrt und zunächst in England im Exil gelebt und sich später am Genfer See niedergelassen hatte, war einer der originellsten Zeitgenossen, denen ich in meinem Leben begegnet bin. Ich mochte ihn sehr gerne und glaube mich nicht zu irren, wenn ich sage, dass diese Sympathie auf Gegenseitigkeit beruhte. Er ließ mich auch wissen, meine schriftstellerische Tätigkeit zu schätzen. Und weil er selbst sich nicht bloß als Maler, sondern auch als Dichter sah, bedeutete mir sein Lob viel.

Meine ersten Erinnerungen an Kokoschka fallen mit der von mir initiierten und kuratierten erfolgreichen Schiele-Ausstellung zusammen, die er verabscheute. Er fluchte sogar: „Das ist nichts als pornografische Kalligrafie! Wollt ihr mit dieser Ausstellung meine Hellas-, Apulien- und King-Lear-Lithografien in den Schatten stellen, zumindest was die Marktpreise betrifft?" Sein Schiele-Hass war legendär und grenzenlos: „Ihr wisst's ja, das ist eine Schweinerei!" Womit er auf Schieles sexuell aufgeladene Werke anspielte, obwohl er vermutlich in erster Linie um seine Verkaufschancen bei Marlborough bangte.

Fragten ihn an sich gut vorbereitete Journalisten, die aber von O.K.s Schieleverachtung nichts wussten: „Herr Kokoschka, Sie waren doch Egon Schieles Zeitgenosse in Ihrer Wiener Zeit?", dann tat er erst einmal so, als habe er die Frage nicht verstanden. „Wie bitte?" Der Journalist wiederholte seine Frage. „Ich verstehe Sie nicht, bin ein bisschen schwerhörig! Was meinen Sie?" Daraufhin schrie sein Gegenüber: „Egon Schiele!" Erst daraufhin kam Kokoschkas Antwort: „Ach, Sie meinen den Pornografen?"

Er war zudem der Meinung, Schiele habe ihm ständig Ideen gestohlen und behauptete sogar: „Während ich an der Front für das Vaterland gekämpft habe, im Ersten Weltkrieg, schlich sich Schiele in mein Atelier und stahl dort, was ihm unter die Finger kam!"

Mein Vater und ich sammelten über Jahre hinweg Aussprüche des „Originalgenies", oft politischen, nicht selten sarkastisch-ironischen Inhalts, etwa: „Die Chinesen? Mit denen muss man sich verbinden, um die Russen zu vernichten. De Gaulle ist der größte Staatsmann seit Metternich; der weiß, warum er mit den Chinesen geht! Die Russen muss man aus Europa treiben, daher soll man den Chinesen unbedingt Waffen geben."

Nachdem er 1966 den Wettbewerb gewonnen hatte, den ehemaligen deutschen Bundeskanzler Konrad Adenauer zu porträtieren, stellte er fest: „Wär' ich zehn Jahr' jünger, könnt' ich ein großer Politiker in Deutschland werden, so einen Einfluss hab ich dort."

Wassily Kandinsky hielt er für einen „g'schleckten Salon-Maler, der das Dekorieren der Jugendstilzeit nie hat vergessen können". Kokoschka hielt sich durchaus für den „pictor trimphans", der selbst Pablo Picasso übertrifft, denn er beharrte darauf, lange vor Picasso en face und im Profil in ein und demselben Porträt vereinigt zu haben: „Lange, lange vor Picasso hab' ich das erfunden!"

Auf meine Frage: „Was ist dir lieber, Oskar, dass man dich liebt oder dass man dein Werk versteht?", entgegnete er: „Natürlich, dass mich jemand liebt. Denn mein Körper ist sterblich und will geliebt werden. Versteh'n können mich die Leut' auch noch die nächsten zehntausend Jahre."

Er genoss es ungemein, wie ein VIP behandelt zu werden: „Wenn mir Menschen jeden Wunsch von den Augen ablesen, wenn sie mich wie einen Kaiser durch fremde Länder führen, ohne Passkontrolle, ohne Zoll, das liebe ich. Ich hab' Fotografen lieber als Zollbeamte."

Ob er Kritiken über sein Werk lese, wollte ich einmal wissen. Er winkte ab: „Nur wenn's gut sind. Die anderen versteh'n eh nix!" Wenn seine aus Prag stammende Ehefrau Olda nicht dabei war, schimpfte er: „Das scheußlichste Volk der Welt sind die Tschechen. Falsch. Speichellecker. Verräter. Die haben schon vor fünfzig Jahren den Kaiser verraten. Sag's nicht der Olda, versprich es mir!"

Gefiel ihm eine junge Frau besonders gut, dann pfiff er noch als Achtzigjähriger, beide Zeigefinger in den Mund steckend, wie ein Strizzi. Und flüsterte: „Das Schöne an Olda ist ja, dass sie mir alles durchgehen lässt. Darin ist sie wahrlich keine Tschechin! Sie ist nämlich großzügig!"

Auch im hohen Alter wollte er beim Malen partout keine Brille tragen. Seine Kurzsichtigkeit war extrem, aber aus Eitelkeit weigerte er sich, eine Brille aufzusetzen. Trotzdem: Der mit zittriger Hand zaghafte Strich des Achtzigjährigen waren ein enormes Geschäft für uns. Er wollte immer als „Wildling" gesehen werden, und der Umstand, dass er sich so oftmals weigerte, eine Brille aufzusetzen, ist aus meiner Sicht der eigentliche

Grund für die vielen unscharfen Linien in seinem Spätwerk.

Auf einer Terrasse im vierundzwanzigsten Stockwerk des Shell-Centers, die zum Direktions-Restaurant des Unternehmens gehörte, begleitete und beobachtete ich O.K. eines Nachmittags, als er wieder einmal London und die Themse malte. Es störte mich nicht, sein Chauffeur vom und zum Hotel zu sein, sein Leinwandträger, der die Staffelei aufstellte und ihre drehbaren Metallbeine mit einem Ziegelsteinpaket beschwerte, damit sie im Wind nicht umfiel. Neben der Staffelei stand eine Flasche Cutty Sark, der Lieblings-Whisky des Meisters, den er immer dabeihaben musste. „Wenn die Olda da ist, muss ich den immer verstecken!“, lachte er und nahm zwei kräftige Schlucke, bevor er den ersten Pinselstrich setzte. „Himmelfix!“, schimpfte er, als wir im Aufzug ins oberste Stockwerk hinaufsausten – er erinnerte mich in dem Moment an Karl Valentin –, „jetzt hab’ ich doch tatsächlich meine Zündhölzer vergessen!“ Ich hatte ein zweites Zündholzschächtelchen dabei und legte es neben die Terpentinflasche und die Ölfarben auf den Tisch. Ich wusste bereits: Das entstehende Bild würde, gut zu Ende gebracht, 240.000 DM einbringen. Das entsprach damals eineinhalb Millionen österreichischen Schillingen oder 60.000 US-Dollar. Marlborough würde mindestens ein Drittel davon kassieren. War das nicht einen fürs Schreiben verlorenen Samstagnachmittag wert?

Unser Gespräch drehte sich weniger um Kunst als um Politik, um das von O.K. immer wieder heraufbeschworene Atombombenende der Menschheit und um den Schönheitsbegriff der Antike, wie er sie damals gerade wieder in seinen Grafikzyklen *Bekenntnis zu Hellas* (1964) und *Apulien* (1964) thematisiert hatte. Die erwarteten Seitenhiebe auf die „Kriminellen" der Moderne, gegen Picasso und gegen die farbblinden Verfertiger abstrakter Machwerke, waren schnell verteilt, sodass sich das Gespräch immer wieder der Weltpolitik zuwandte. Der geniale Künstler O.K. war ein Nestroyscher Charakter, und darüber hinaus war er politischer Pamphletist mit einem sowohl gegen die faschistische als auch gegen die stalinistische Diktatur leidenschaftlich ernsten Einsatz für die Freiheit. Das bekannte Motiv über dem Eingang der Wiener Secession, „Der Zeit ihre Kunst, der Kunst ihre Freiheit", meinte er, hat Hitler ins genaue Gegenteil verkehren wollen, indem er verstand: „Der Zeit meine Kunst, der Kunst keine Freiheit."

Die Physiognomien von Kokoschkas frühen Porträts zeigen, wie einfühlsam er die Signale des Untergangs und der seelischen Störung aufgespürt hat, etwa bei *Alter Mann (Vater Hirsch)* von 1907, *Ludwig Ritter von Janikowsky*, 1909, oder bei dem *Stillleben mit Hammel und Hyazinthe* von 1909, mit dem er gleichsam eine Messe der Verwesung inszenierte, als ob er das Wort seines Dichterfreundes Albert Ehrenstein ins Visuelle übersetzen wollte: „…daß meine Seele das Gleichgewicht verloren hat, etwas in ihr geknickt, gebrochen ist…" O.K.s politischen Protest nahmen ihm die linken Künstler sehr übel. George Grosz und John Heartfield etwa beschimpften ihn als „Kunstlumpen", weil er nicht wie sie als Kommunisten die Kunst unter die Herrschaft der Politik stellen wollte, wie es später nicht wenige Künstler unter Hitler

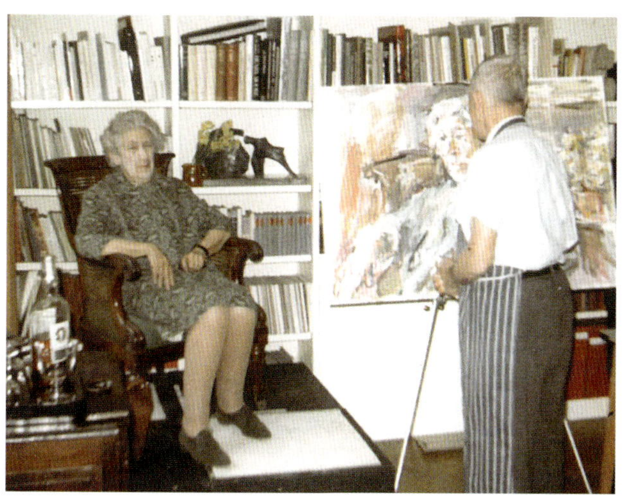

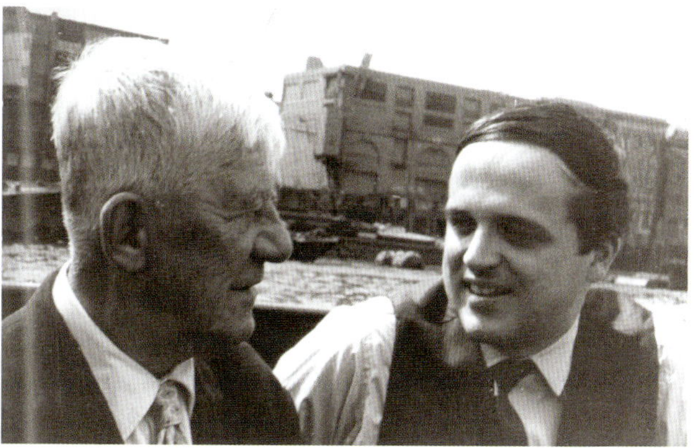

o. Oskar Kokoschka porträtiert Agatha Christie. Einer seiner leisen Kommentare zu Wolfgang Fischer: „Du musst das Podest heben, ich seh' da immer ihre Unterhosen." (1964)
u. Wolfgang Fischer mit Oskar Kokoschka in einem Motorboot der Port Authority des Londoner Themse-Hafens, auf dem O.K. im Auftrag von Harry Fischer an mehreren Tagen Zeichnungen für die Lithografien-Folge *The River Thames* herstellte. (1967)

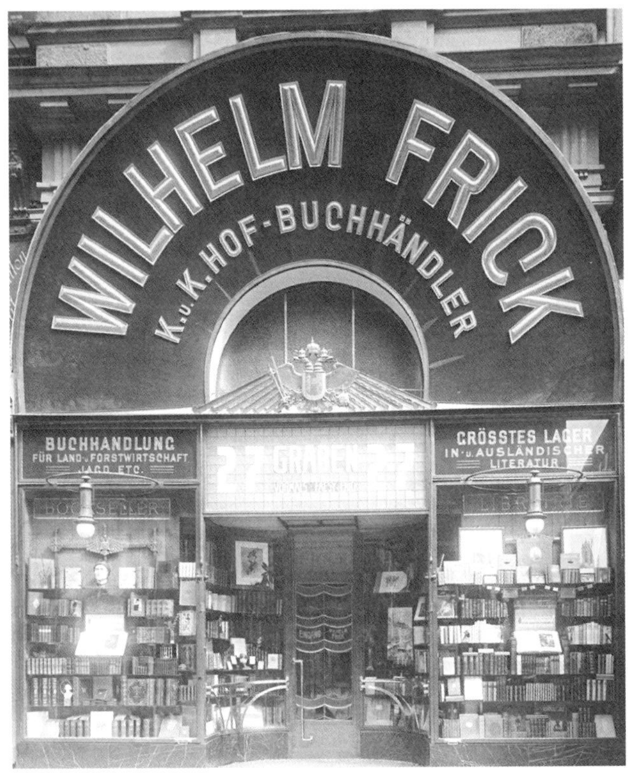

Wilhelm Frick, Verlag und Buchhandlung am Graben in Wien, 1. Bezirk.
Mitte der 1930er Jahre leitete Harry Fischer mit seinem Partner Alois Engländer das Unternehmen, bis es 1938 durch Arisierung zwangsweise enteignet wurde.

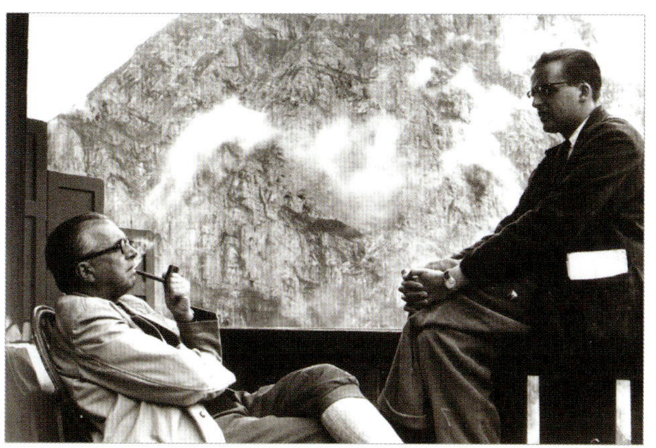

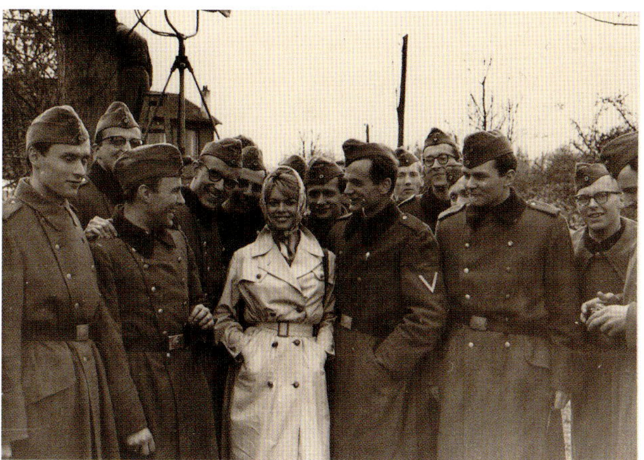

o. Vater und Sohn sind sich in diesem weltanschaulichen Gespräch nicht einig: der Sohn, noch Student der Kunstgeschichte, plant eine akademische Karriere, der Vater hat in London eine erfolgreiche Kunstgalerie aufgebaut. (1954)
u. Studenten der *Maison Allemande* in Paris wurden als gut bezahlte Statisten für den Film *Babette s'en va-t-en guerre* mit Brigitte Bardot angeworben. Wolfgang Fischer hintere Reihe, 2. von links. (1958)

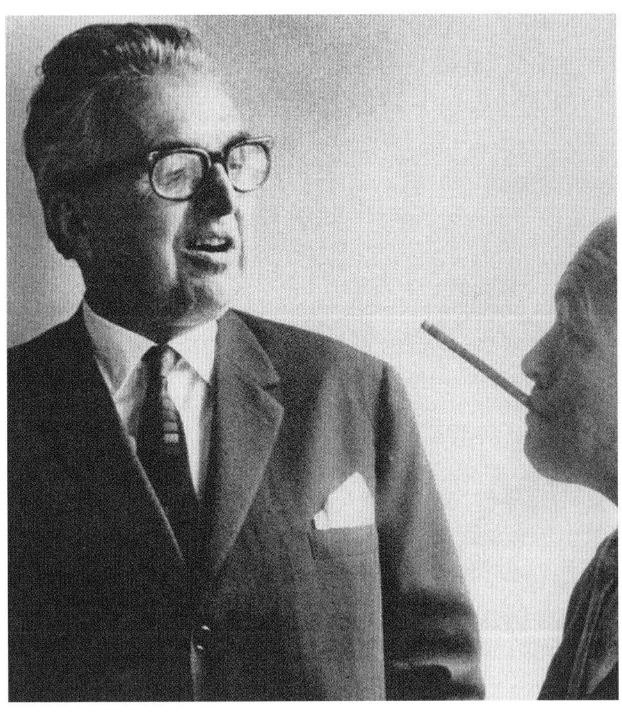

o. Die Geschäftspartner Harry Fischer und Frank Lloyd trennte nicht nur der Größenunterschied. Fotografiert von Lord Snowdon. (um 1964)
re. Seite, o. Der dritte Partner, David Somerset – hier vor einem Gemälde aus Bacons *Päpste*-Serie –, verbrachte die Zeit, bis er Erbe des Duke of Beaufort wurde, in der Galerie, wohin er interessante Kunden und das eine oder andere Meisterwerk aus einem der Schlösser seiner Bekannten brachte. Als Harry Francis Bacon für die Galerie gewann, meinte Somerset zweifelnd: „Are we going to make a killing with this?" („Werden wir damit wirklich etwas ‚reißen'?")
re. Seite, u. Vor der Auslage der Galerie Marlborough Fine Art: Tochter und Schwiegersohn der berühmten Dresdener Sammlerin Ida Bienert, in der Mitte der Kunsthistoriker Will Grohmann, der wesentlich zum Bekanntwerden der deutschen Avantgarde der 1920er Jahre (*Die Brücke, Der Blaue Reiter* u. a.) beitrug. (um 1960)

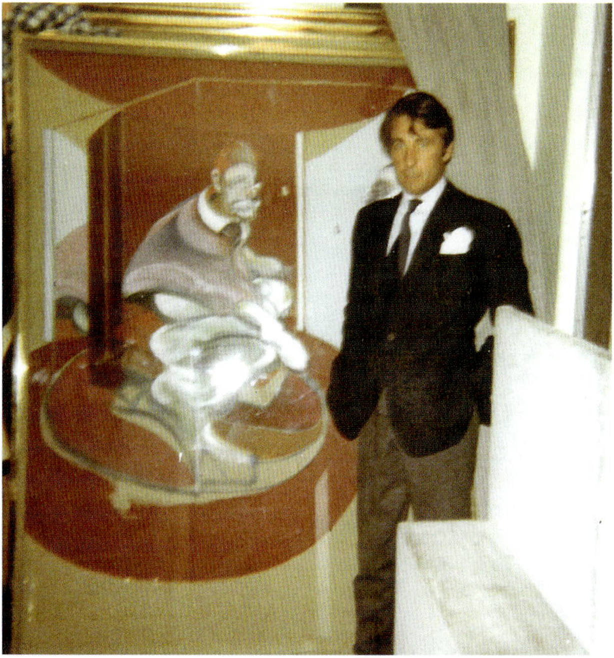

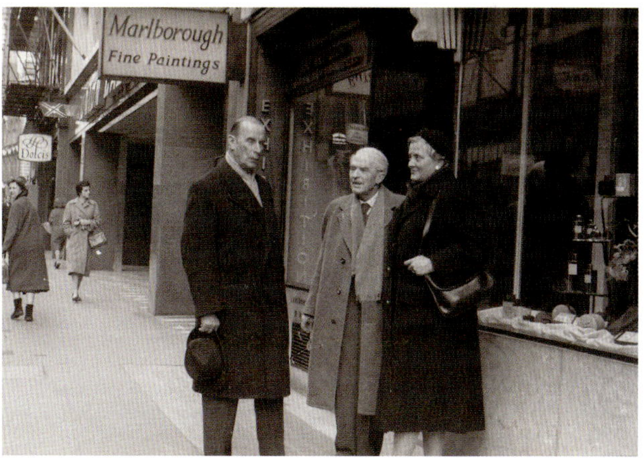
Marlborough
Fine Paintings
Dolcis

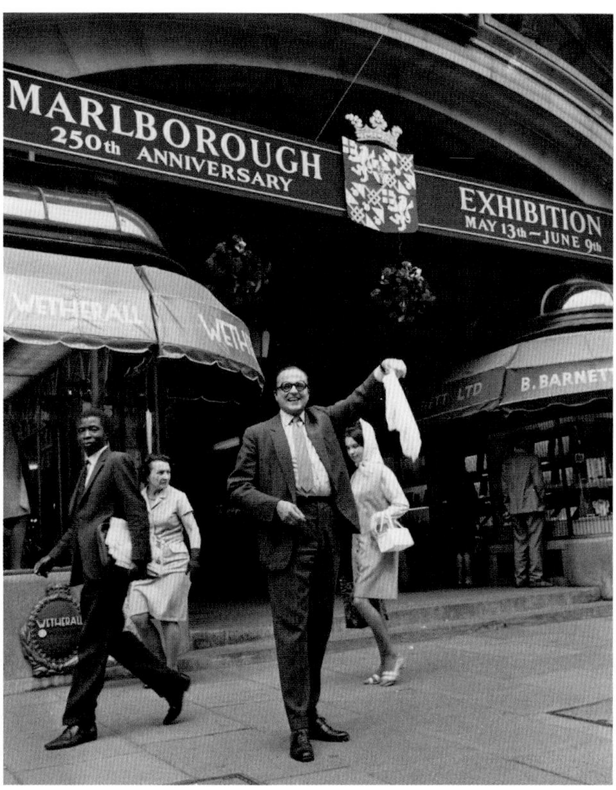

Das Geschäftsschild „Marlborough“ hatte nichts mit der Galerie Marlborough Fine Art zu tun, befand sich aber prominent am Eingang einer Passage in der Old Bond Street und diente Wolfgang Fischer als Hintergrund zur freudigen Inszenierung *Die Fischers haben sich von Partner Lloyd getrennt*.

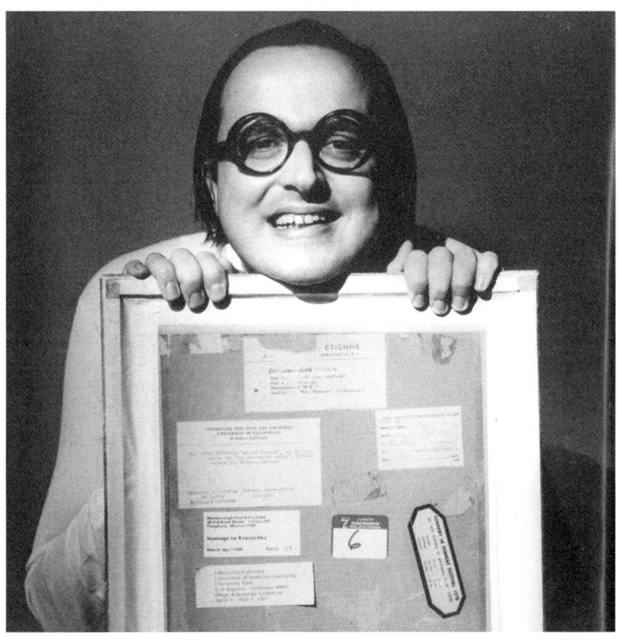

Die Rückseite der Bilder darf nie übersehen werden. Foto: Lotte Meitner-Graf (1968)

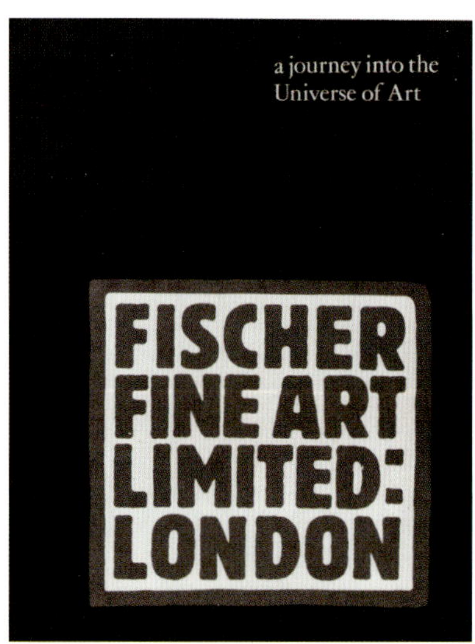

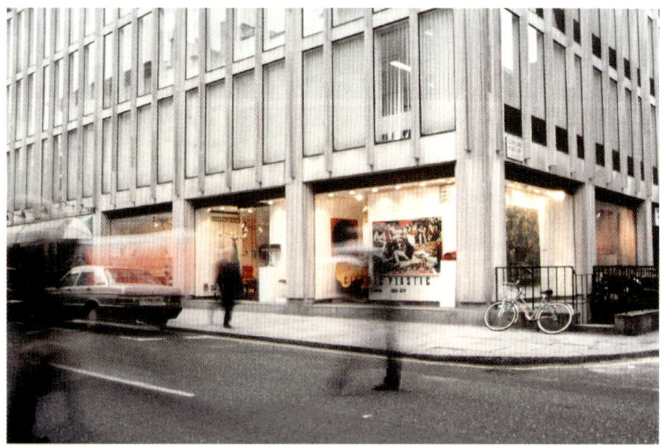

o. Der erste Katalog der neuen Galerie Fischer Fine Art *A journey into the universe of art*, der Bilder und Skulpturen der klassischen Moderne versammelt.
u. Eingang der Galerie 30, King Street, St. James, London S.W.1, schräg gegenüber von Christie's.

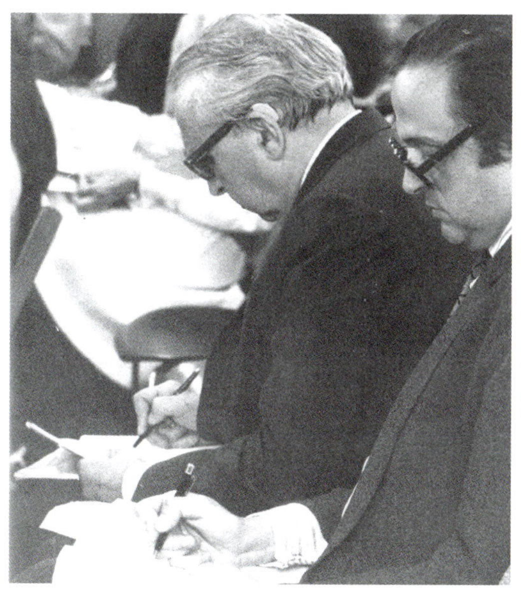

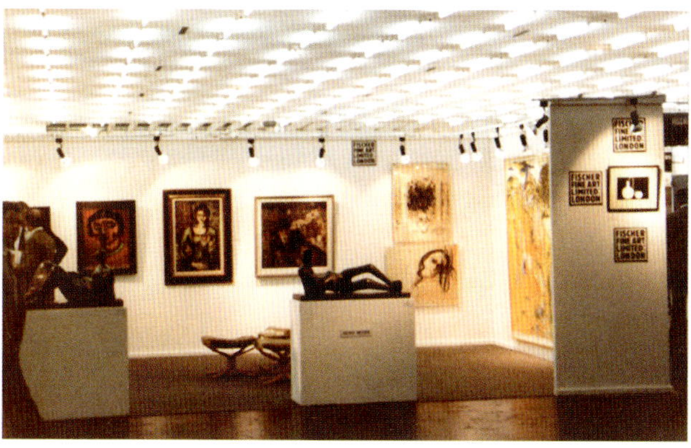

o. Vater und Sohn Fischer bei der Auktion von Kornfeld in Bern. (1973)
u. Teil der Eröffnungsausstellung mit Werken von Henry Moore, Emil Nolde, Alexej Jawlensky, Egon Schiele, Gustav Klimt, Oskar Kokoschka u. a. (1972)

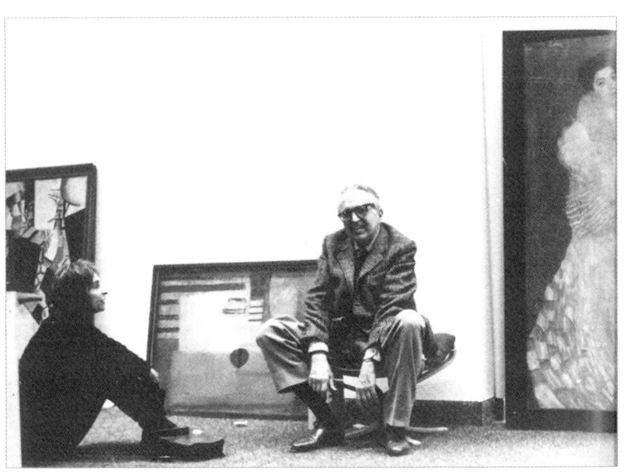

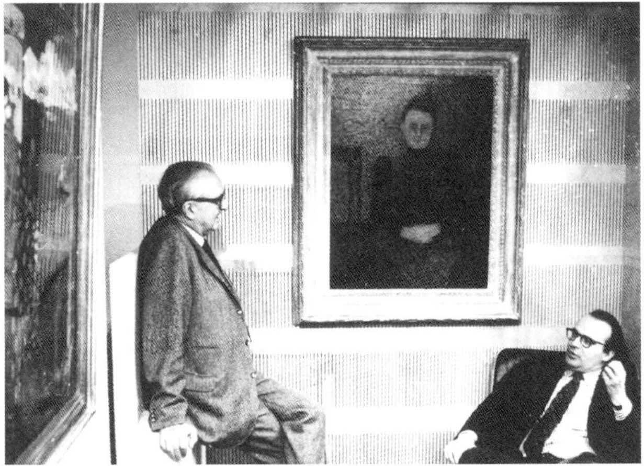

o. Harry Fischer mit seiner Frau Elfriede, im Hintergrund ein Gemälde von Fernand Léger, eine abstrakte Komposition von Ben Nicholson und rechts Gustav Klimts Hauptwerk *Bildnis Hermine Gallia* von 1903/04.
u. Harry Fischer mit Wieland Schmied, damals Direktor der Kestnergesellschaft in Hannover, bei der Galerieeröffnung.

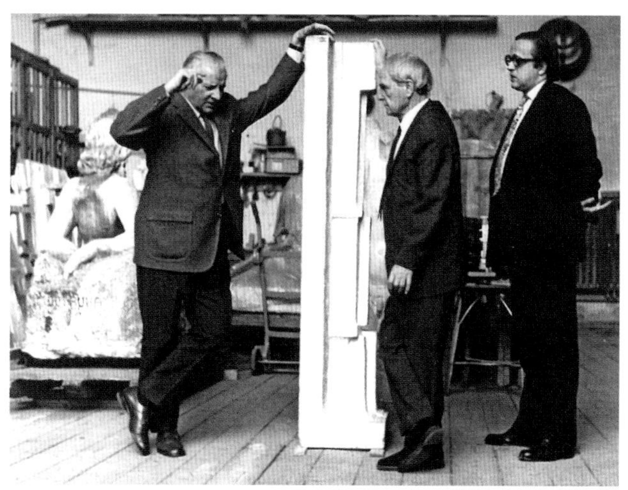

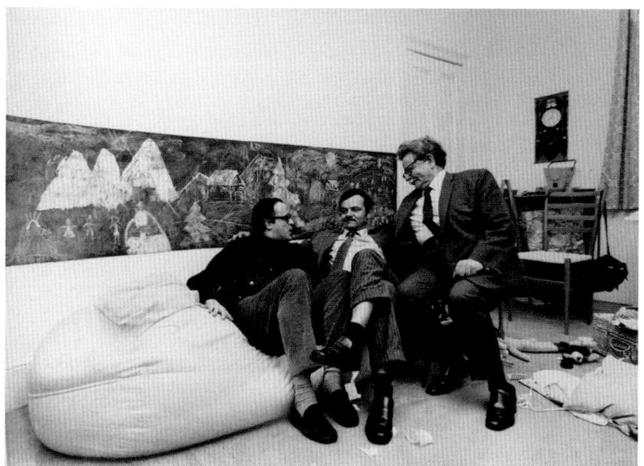

o. Mit Henry Moore in Wien im Atelier bei Fritz Wotruba, der gestenreich seine Kunstauffassung darlegt. (1979)
u. Im Londoner Kinderzimmer der Fischers: Wolfgang mit dem Bildhauer Alfred Hrdlicka und dem späteren Literaturnobelpreisträger Elias Canetti. Foto: Erika Schmied (1974)

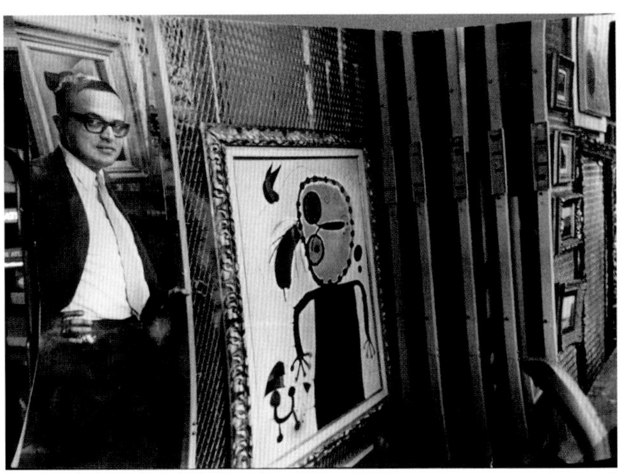

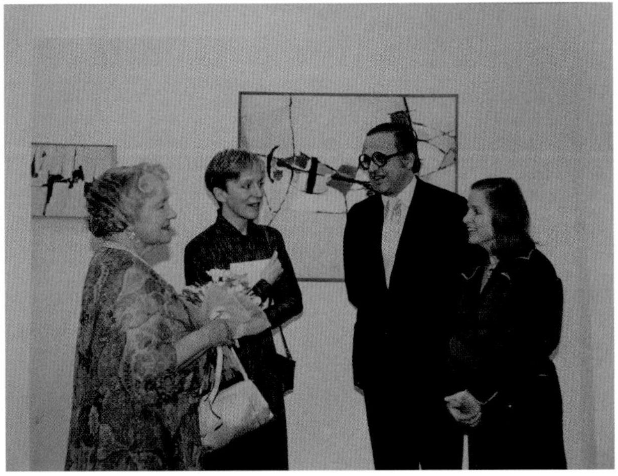

o. Wolfgang Fischer im Bilderdepot: „Seht, wie viel wir haben!"
u. Wolfgang und Jutta Fischer im Gespräch mit Elizabeth, the Queen Mother, und der Kuratorin einer Ausstellung im Canada House, bei der auch die von der Galerie vertretenen Künstler Sidney Nolan und Arthur Boyd gezeigt wurden. (1984)

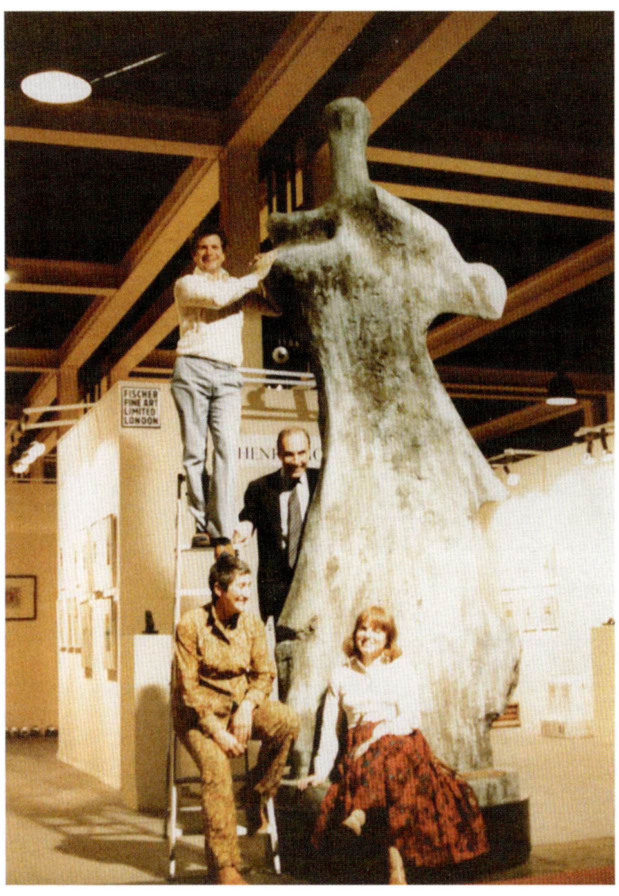

Der Stand von Fischer Fine Art auf der Basler Kunstmesse 1977 mit einer Riesenskulptur von Henry Moore, flankiert von Stan Miles, Mann für alles, den Direktoren Jeffrey Solomons und Anita Besson sowie Jutta Fischer.

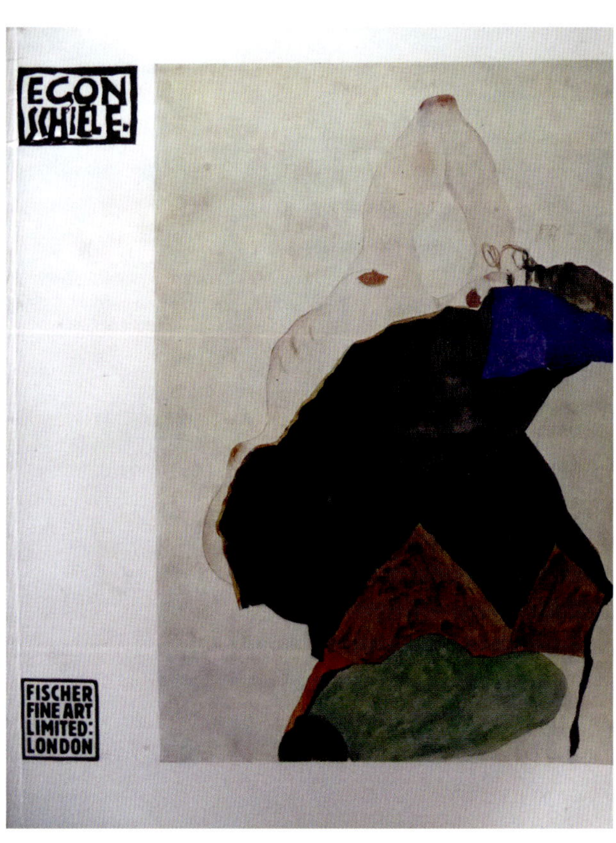
EGON SCHIELE
FISCHER FINE ART LIMITED: LONDON

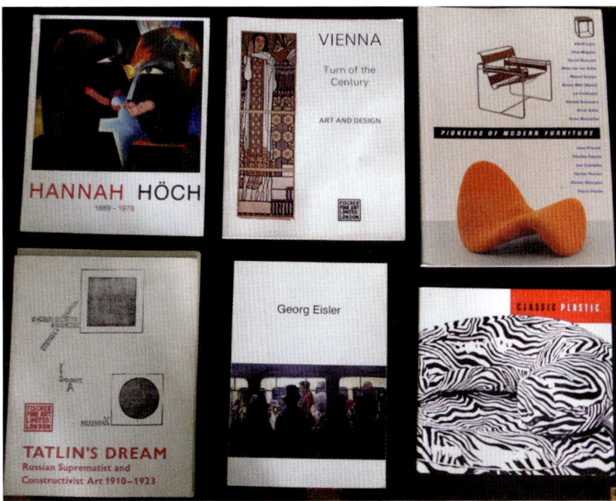

Kataloge von einigen Ausstellungen, die bei Kritik und Publikum besondere Würdigung erfuhren.

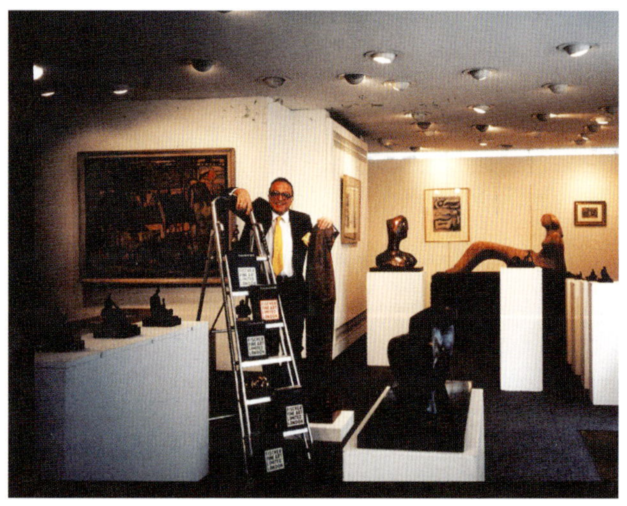

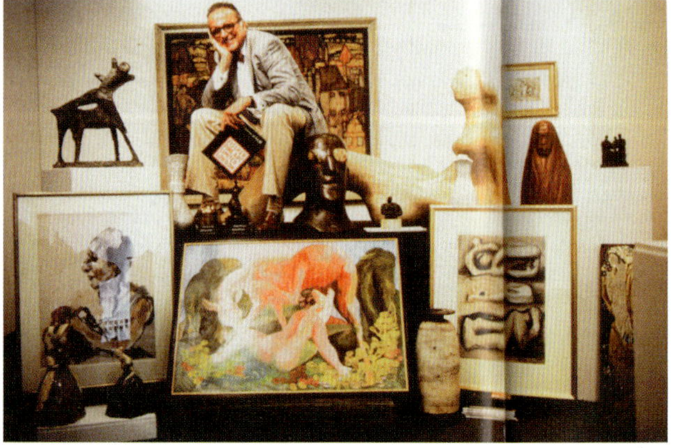

o. Wolfgang Fischer bei den Vorbereitungen der Galerie im Juni 1972, im Hintergrund das Ölbild *Die gelbe Stadt* von Egon Schiele.
u. Gut lachen hat, wer von so bedeutenden Werken umgeben ist (Gaston Chaissac, Lynn Chadwick, Ernst Barlach, Elisabeth Frink, Lucie Rie, Sandro Chia, Henry Moore, Oskar Kokoschka und natürlich Egon Schiele. (1987)

und Stalin selbstverständlich fanden. Modern formuliert, stand er also bereits damals unter dem Beschuss der beiden fundamentalistischen Lager, des konservativen ganz rechts bis zum streitbaren „Linksaußen“-Lager, für das auch die Kunst eine Waffe im Klassenkampf zu sein hat.

Dann rauchte O.K. eine seiner Cigarillos, nahm noch einen Schluck Whisky und sagte: „Ich male London als mittelalterliche Stadt! Noch immer eine schöne Metropole, trotz all der halb ausgewachsenen Wolkenkratzer.“ Während der große Zeiger des Big Ben weiterrückte, betrachtete ich den Rücken des Altmeisters, der in seinem Pfeffer-und-Salz-Anzug steckte, den weißhaarigen niederösterreichischen Quadratkopf mit den riesigen, abstehenden Ohren, nahm wahr, wie seine Hand einen Moment lang über die Leinwand strich, bevor er wieder einen Schluck Whisky nahm und jammerte: „So geht das nicht. Ohne Sonne sind die Kontraste weg, alles ist grau, das geht nicht!“ Erst als die Sonne wieder ein wenig herauskam, arbeitete O.K. langsam weiter.

An einem anderen Tag sah ich, dass Kokoschka beim Arbeiten manchmal doch eine goldgeränderte Brille aufsetzte. Er tat das aber nur, wenn er sich unbeobachtet fühlte und darüber hinaus gut aufgelegt war: „… ich hab’ nämlich einen Brief von meiner jungen Inderin bekommen. Sie studiert in München. Ich hab’ schon befürchtet, dass mein letzter Brief zu ‚hot‘ war und sie nicht mehr schreiben wird! Diese armen jungen Mädchen aus bürgerlichen Familien! Ich will sie aufregen, ich will sie aus den eingetretenen Gleisen bringen – natürlich nur mit Worten. Diese Armen! Was ist denn sonst ihre Zukunft? Kinder kriegen und bei langweiligen Tea-Partys versauern. Jetzt hat sie mir aber wieder geschrieben, und jetzt bin ich auch wieder bester Laune."

Kurz vor dem achtzigsten Geburtstag der Krimiautorin Agatha Christie ersuchte uns ihr Enkel, einen Porträtmaler für seine Großmutter zu empfehlen. Mein Vater schlug Oskar Kokoschka vor – zum Preis von fünfzehntausend Pfund Sterling. Die überaus erfolgreiche Autorin war von der Idee ihres Enkels keineswegs angetan, ließ aber die Tortur von acht Sitzungen ihm zuliebe über sich ergehen. Der letzte Altmeister des Expressionismus beschwerte sich umgekehrt bei mir: „Du, mich stören Agathas weiße Wollunterhosen so sehr! Dadurch, dass sie da auf dem erhöhten Podest sitzt, muss ich dauernd darauf schauen. Schrecklich!"

Agatha Christie und Oskar Kokoschka zusammenzubringen, hatte sich als schwieriger erwiesen, als die damals berühmten Pandabären im Londoner Zoo zur erwarteten Eheschließung zu bewegen, weil einmal der Maler, dann wieder das Modell krank war. Nach den ersten Sitzungen stöhnte O.K.: „Sie hat Wasser in den Füßen, das ist nicht schön. Aber ich tröste mich mit ihrer sehr charakteristischen Nase!"

Mrs. Christie interessierte sich weder für den Mann, der sie malte, noch für das fertige Werk. Als es abgeschlossen war, würdigte sie das Bild kaum eines Blicks, trat vielmehr ans Fenster, schaute in den Garten hinab und sagte: „What a lovely tree!"

Ein anderes Mal traf ich Kokoschka und seine Frau Olda am Londoner Flughafen während der Zwischenlandung auf ihrem Weg zurück in die Schweiz. O.K. hatte gerade ein Doppelporträt des Herzogs und der Herzogin von Hamilton fertiggestellt, die auf ihrem Schloss nahe Edinburgh lebten. Von dort hatte mich Olda angerufen und gewarnt, dass Oskar besonders missmutig sei, da sich das Gesicht des Herzogs immer mehr zusammenziehe, weil er unter den Blicken des Malers leide, und außerdem gehe Oskar das Schlossleben auf die Nerven. Zuletzt sei er sogar umgefallen, wobei sich ein Rückenmarksnerv verklemmt habe, sodass die Herzogin ihm habe aufhelfen müssen.

Als wir am London Airport beisammensaßen, wirkte Oskar aber besonders fröhlich. „Herrlich, Wolferl, dort wegzukommen!“, jubelte er, „der Herzog hat mich in seiner schottischen Maskierung mit den vielen Orden an ein ausstaffiertes Jahrmarktsafferl erinnert, das entweder schießt oder trommelt. Auch die dicken schottischen Socken mitsamt dem Hirschfänger neben der Kniekehle haben mich enerviert. Wen wollte er damit umbringen? ‚Sie müssen das Messer nicht zu jeder Porträtsitzung dabei haben‘, sag' ich zu ihm, ‚außerdem kommen die Beine eh nicht aufs Bild.‘ ‚Nein, aber nein‘, hat der Duke gesagt, ‚das gehört dazu!‘ Und immer war er sorry, sorry. Wenn er sich niedersetzte, sorry, wenn er Sherry einschenkte, sorry, wenn er ins Zimmer kam, sorry, wenn er wieder hinausging: Sorry. Ein richtiger Pantoffelheld; die Herzogin kommandiert ihn herum! Hol' das, komm' da her, bring' jenes weg, und er immer: Sorry, sorry! Ich habe mich mit Whisky trösten müssen. Meine Versuche, den Herzog aufzulockern, indem ich das Gespräch auf Rudolf Hess lenkte, der mit dem Fallschirm direkt vor seinem Schloss gelandet war, sind kläglich gescheitert. Nichts zu machen, das Thema war ihm total unangenehm. Er ruderte mit den Schultern und verkroch sich beim Namen Hess noch mehr in sich selbst. Die Herzogin hat immer ihren Daumennagel gerieben und auf mein Bild herübergeblinzelt, das hat mich fürchterlich nervös gemacht. Endlich bin ich in Fahrt gewesen, da schlägt der Gong zum Mittagessen. Aus war's wieder, und wir mussten noch drei Wochen dort oben bleiben! Was meinst du, Wolferl, die Marlborough und ich können das Doppelporträt doch wenigstens teuer verkaufen, damit's nicht dort oben im Schloss verkommt!"

„Aber, Lieber", sagte ich, „das geht doch nicht, das ist doch ein Auftrag des Herzogs und der Herzogin gewesen!"

„No ja", meinte Oskar, „vielleicht wollen sie's gar nicht mehr haben, leicht möglich, er hat mir immer nur von seiner Genealogie erzählt, immer 13. Jahrhundert, und die Kämpfe der verschiedenen Clans seit dem 13. Jahrhundert. Erst seine Generation hat mit dem Streit durch Eheschließung endgültig Schluss gemacht. Geh, schau, Burscherl, schau dazu, dass wir uns das Bild behalten können! Wirst es schon gut machen!"

Wäre meine Arbeit in der Galerie nur von der Durchführung großer Ausstellungen, der Betreuung der schönen Kataloge und den inspirierenden Begegnungen mit den Künstlern unserer Galerie geprägt gewesen: Ich wäre wohl der zufriedenste Mensch gewesen. Und darüber hinaus glücklich verheiratet, Vater dreier süßer Kinder, ohne materielle Sorgen – ein idealeres Leben war ja kaum vorstellbar. Die Wirklichkeit allerdings sah anders aus.

Die Trennung

Ende der sechziger und besonders Anfang der siebziger Jahre wurde immer deutlicher, dass Frank Lloyd uns konstant hinterging. Jahrelang hatte er Vaters Gewinnprovisionen nicht ausbezahlt, geschweige denn die Dividende für seinen Anteil am Aktienbesitz. Es war vor allem meiner Insistenz zu verdanken, dass Vater nicht länger wegschauen konnte, ja schließlich sogar einsehen musste, wie flagrant sein Partner ihn und so viele Künstler, Kunsthändler und Kunden oftmals hintergangen hat.

Lloyd war, das darf allerdings nicht unerwähnt bleiben, der Mehrheitsteilhaber. Vater besaß nur zehn Prozent, wodurch Lloyd ihn gleichsam als gut bezahlten Angestellten betrachtete. Zuweilen betonte er, diplomatisch klug, wie er manchmal auch sein konnte: „This is Harry Fischer, my partner!“ Vater hatte meist die Ideen – er war der eigentliche Kunstliebhaber und -experte –, Lloyd hingegen der reine Finanzmensch. Bevor ich aus Amerika nach London und zu Marlborough kam, waren noch nicht einmal Vaters Anteile im Londoner Handelsregister eingetragen. Völlig frustriert vertraute er mir – und nur mir – eines Tages an: „Ich hab' ja kaum einen Anteil! Dem Lloyd bin ich doch ausgeliefert, er kann mit mir tun, was er will – mit meinen zehn Prozent und zwölfeinhalb Prozent Gewinnanteil. Ich fühle mich dem Ganzen nicht mehr gewachsen.“

Die Streitigkeiten zwischen den Partnern wurden immer giftiger, aus dem Chef-Zimmer, obwohl die Doppeltür meist geschlossen blieb, drangen Schreie wie aus einer Gummizelle. Lloyd hatte sich wieder einmal auf das große Szenemachen eingestellt, was einen extremen Nervenkrieg zwischen den Männern zur Folge hatte. Dazwischen stand ich, unfreiwilliger Schiedsrichter, der kein Schiedsgerichtsrecht hatte. Abgesehen davon, dass Lloyd ohnehin niemanden nach seiner Meinung fragte und mich schon gar nicht. Bis auf wenige Ausnahmen, zum Beispiel, als Lloyd eine Expertise für ein Rembrandt-Gemälde benötigte. Er wusste, dass ich bei Professor Bauch in Freiburg studiert hatte, und er wusste auch, dass Bauch als international anerkannter Rembrandt-Experte galt. Er bat mich, Bauch das Bild zu zeigen. Als das Gutachten meines ehemaligen Professors auf seinem Schreibtisch landete, war Lloyd aber alles andere als glücklich, denn der Experte hatte das Bild als Fälschung entlarvt. Wütend schimpfte der Chef-Chef los: „Heute Bauch. Morgen Arsch!"

Ein Höhepunkt der Auseinandersetzungen zwischen Vater und Lloyd war erreicht, nachdem der Jahrhundertmaler Mark Rothko, der von Marlborough New York vertreten wurde, in seinem Atelier Selbstmord begangen hatte. Frank Lloyd war zu jenem Zeitpunkt – es war im September 1970 – gerade in New York, und als er vom Freitod Rothkos erfuhr, eilte er in dessen Atelier. Kaum in London zurück, ließ er meinen Vater wissen, vermutlich um ihn zu provozieren: „Ich stapfte durch die Blutlachen in Marks Atelier und kümmerte mich um nichts als um die genaue Registrierung der vorhandenen Bilder, bevor mir ein anderer zuvorkommt!" Mein Vater starrte ihn fassungslos an, und Lloyd meinte nur: „Warum regt dich das so auf?"

Vater stürmte zu mir ins Büro und warf sich stöhnend in den Drehstuhl: „So kann ich nicht weiter, mit so einem Unmenschen kann ich nicht weiter. Weißt du, was er zu mir über Rothkos Selbstmord gesagt hat?" Und dann nochmals: „Ich kann nicht mehr!"

David Somerset, dem ich davon berichtete, bemerkte lakonisch: „Jetzt ist es also dem Lloyd doch wieder gelungen, deinen Vater zur Weißglut zu bringen. Dabei hätte er das doch erwarten müssen – nach den fünfundzwanzig Jahren, die die beiden nun zusammen sind!"

Wenige Wochen später fiel die endgültige Entscheidung: Die beiden Männer würden fortan getrennte Wege gehen. Dem Partner durch ein Vierteljahrhundert, der die „Marlborough Schöne Künste Gesellschaft" mit aufgebaut hatte, wurde der Sessel vor die Tür gesetzt. Vater verlangte, von Lloyd ausbezahlt zu werden. Lloyd schien in zehn Jahresraten dazu bereit.

Vater und ich machten einen Gegenvorschlag, basierend auf dem geschätzten Gewinn aller Firmen von rund hundert Millionen Schweizer Franken, die den Warenbesitz in London, Rom und New York miteinschlossen. Wir argumentierten, dass Vater von seinem Anteil von zweiundzwanzigeinhalb Prozent etwa vier Millionen verbraucht hatte, ihm somit mehr als achtzehn Millionen noch zustanden. Wir waren bereit, uns auf fünfzehn Millionen in fünf Jahresraten zu einigen.

Harry schien zunächst glücklich, ich hingegen befand, er habe sich über den Tisch ziehen lassen. Vater betonte noch am Tag der Einigung: „Übrigens hängt jetzt alles nur von dir ab: Ob du eine neue Galerie mit mir zusammen gründen willst oder nicht. Wenn es dir gelingt,

Geldgeber zu finden, wenn es uns gelingt, Henry Moore herüberzuziehen, Kokoschka, eventuell Francis Bacon. Aber ich will nicht mehr als zwei bis drei Tage pro Woche arbeiten; ich hab' jetzt genug zum Leben, alles hängt also von dir ab!"

Wochenlang litt ich daraufhin unter Schlaflosigkeit und hatte das Gefühl, alles rund um Marlborough und Lloyd sei ebenso negativ verlaufen, wie ich es schon 1963 bei meinem Eintritt in die Galerie, als neues Mitglied dieser Kunst-Mafia, vorhergesehen hatte. Ich empfand Scham über meine Schwäche, den gordischen Knoten trotz zahlreicher Versuche doch nicht zerschlagen zu haben.

Bereits zwei Monate später begann Vater zu bedauern, nachgegeben zu haben. Wut und tiefe Verbitterung, nicht zuletzt über seine eigene Schwäche, wurden allmählich abgelöst von einem rachsüchtigen Aufbegehren gegen die Unterdrückungspolitik des ehemaligen Partners. Ich hätte mich eigentlich freuen müssen, denn der Chef-Chef war mir stets als Verkörperung aller Minuswerte menschlicher Existenz erschienen. Hatte ich den richtigen Fischer nicht gerade deswegen verachtet, weil er ihm fünfundzwanzig Jahre lang die Mauer machte?

Als ich erfuhr, dass man bei Lloyd eine plötzliche Netzhautablösung diagnostizierte, kämpfte ich mit mir, ob ich ihn an einen hervorragenden Augenarzt in Boston, den ich persönlich gut kannte, vermitteln sollte. Frank hatte Miss Beston um eine Liste der besten Retina-Spezialisten gebeten, als ich zufällig neben ihr stand. Nachdem sie aufgelegt hatte, reckte sie ihren kurzen Arm gegen den Himmel über der Old Bond Street und rief: „Gottesurteil! Gottesurteil!"

War es nicht ein Widerspruch, sich für die Heilung seines Feindes einzusetzen, wenn man den hippokratischen Eid nicht geschworen hatte? Ich beschloss, Lloyd den Namen des Arztes zu geben, dem ich absolut vertraute. Er sagte immerhin: „Danke!“ Ich glaube, es war der erste Dank aus seinem Mund, seit ich in die Marlborough-Galerie eingetreten war.

Bis zum Jahresende 1971 blieb mein Vater pro forma der Galerie noch verbunden, bezog sogar ein Monatsgehalt, wenn er auch die Marlborough-Räume nie wieder betreten sollte. Er verlangte gleichzeitig von mir, im Hochsommer desselben Jahres meinen Posten als Co-Direktor zu kündigen, was ich mit einem eingeschriebenen Brief, aus Grundlsee abgesandt, in großer Freude tat. Einer unserer Anwälte, Herbert Arendt, hatte mir den genauen Kündigungstext diktiert und mir eingetrichtert, der Brief müsse noch vor dem 15. August zur Post gebracht werden. Ich erinnere mich, dass Jutta und ich bei großer Hitze den Postzug in Bad Aussee im letzten Moment erreichten – Jutta im Dirndl, ich, der falsche Fischer, in Tennishosen und Sandalen.

Ein Beamter war bereit, den handgeschriebenen Eil- und Einschreibebrief anzunehmen. „Aber Aufgabescheine habe ich nicht dabei“, rief der Mann, als der Zug schon losfuhr, „die muss ich Ihnen später zuschicken!“ Unter einem wolkenlosen Augusthimmel verschwand der Waggon, in dem jener Beamte mit meinem Kündigungsbrief an die Weltkunstfirma saß, der das Ende meiner Weltkonzern-Karriere besiegelte. Jutta und ich schauten uns an und begannen wie wild zu lachen. Es war einer der glücklichsten Momente meines Lebens.

Noch war die Trennung jedoch nicht ganz vollzogen: Frank Lloyd bestand nach Erhalt des Kündigungsschreibens darauf, mich noch einmal persönlich zu treffen. Ende August saßen wir einander in einem Zürcher Hotel gegenüber. Er kam mit verkniffenem Mund wie ein Mops hereingeschossen, zog meinen Brief, von Grundlsee rekommandiert-express nach Antibes abgesandt, aus der Tasche und schwenkte ihn unschlüssig über dem Tisch hin und her.

„Bist du also auch verrückt geworden?“, hob er an. „Dein Vater jedenfalls muss wahnsinnig sein. Er hat doch alles unterschrieben, wir haben uns doch ausgeglichen, ich habe bezahlt! Und jetzt erzählt er jedem, ich hätte ihn betrogen! Einen Roman könnte man darüber schreiben, wirklich einen Roman … Ich glaube, er ist senil geworden, du tust mir leid, als sein Sohn, aufrichtig leid. Was dir dein Vater jetzt antut und in deiner Jugend angetan hat, ich meine: Er hat doch immer alles Geld herausnehmen und verbrauchen müssen wegen seiner Weibergeschichten und für seine drei Ehen, während sich bei mir alles vermehren konnte. Er macht sich lächerlich, alle werden ihn bald für verrückt halten. Die Anwälte schütteln den Kopf, auch darüber, dass er nur die Hälfte des Geldes genommen hat, die ich ihm geboten habe. Darf ich dich jetzt wenigstens in die Kronenhalle zum Mittagessen einladen …?“

Als ich ihm vorschlug, vor meinem endgültigen Weggang noch zur Eröffnung einer Arik-Brauer-Ausstellung nach New York zu reisen – ich hatte sie für Marlborough kuratiert und organisiert und wollte der Firma diesen Dienst gern erweisen – antwortete Lloyd: „Wenn du sowieso nicht bleibst, lege ich auch keinen Wert darauf, dass du dabei bist. Wenn einer gehen will, dann helfe ich ihm noch den Koffer packen!“

Wiederum zwei Wochen später wollten Vater und ich unseren letzten Tag in der Londoner Galerie verbringen, exakt acht Jahre, nachdem ich dort meinen ersten Arbeitstag absolviert hatte. Lloyd hielt sich, wie wir dachten, noch in Zürich auf, wo er gerade eine neue Marlborough-Zweigstelle eröffnet hatte. Doch weit gefehlt: Valerie Beston rief uns am Morgen an, um uns zu warnen, dass Lloyd sich einen Trick hatte einfallen lassen und unangesagt in der Galerie aufgetaucht sei. Er wollte nicht nur die seit Monaten vom richtigen Fischer vermiedene Unterredung erzwingen und etwaige Drohungen Aug in Aug wiederholen, sondern auch noch ein paar Krokodilstränen abrinnen lassen.

Vater und ich verschanzten uns in meinem Haus. Alle Anwesenden wurden angewiesen, bei Anrufen aus der Galerie, beim Melden der Lloydschen Stimme, zu behaupten, wir seien nicht anwesend. „Und wenn er in persona kommt!?“, stammelte Elfriede. Ihre Sorge war nicht ganz unberechtigt. Daraufhin musste der richtige Fischer im Schlafzimmer des zweiten Stocks verschwinden und ich im Keller; Jutta würde dem Chef-Chef die Tür öffnen und ihn lächelnd empfangen.

Zur Mittagszeit kam eine der Sekretärinnen zu uns ins Haus geeilt, um Details der grotesken Situation zu berichten: Der Chef-Chef sitze seit neun Uhr morgens an seinem Schreibtisch und lauere auf das Eintreffen der Fischers. Er könne sich nicht erklären, woher wir von seiner Überraschungs-Visite Wind bekommen hätten. Er gehe mit Verdachtsahnungen herum, zerbreche sich den Kopf, wer nur der Verräter gewesen sein könnte.

So verging unser letzter Marlborough-Geschäftstag, ohne dass sich die Partner – Harry Fischer und Kurt Levai alias Frank Lloyd – gesprochen haben. Sie sollten einander noch ein oder zwei Mal in ihrem Leben für einen Augenblick wiedersehen, ohne einander die Hand zur Versöhnung zu reichen.

Pendeln zwischen „Fischer Fine Art“ und den „Tausendjährigen Dingen“

Zu meiner Überraschung fiel mir die vollzogene Trennung zunächst keineswegs leicht. Nicht nur fehlte mir die „Marlborough Schöne Künste Gesellschaft“, mir fehlte sogar der Chef-Chef, dieses kleinwüchsige Ungeheuer mit den verstärkten Schuhsohlen. Wie konnte das sein? Noch bis ins hohe Alter spukte er zuweilen in meinen Träumen als böser Geist herum. Meine Zukunftsangst war wohl der Grund dafür und auch meine Sorge, Vaters launenhafte Luft- und Geistessprünge würden mein Leben weiterhin bestimmen, womöglich sogar noch intensiver als je. Er hatte sich nämlich in den Kopf gesetzt, eine neue Galerie zu gründen, die er Fischer Fine Art nennen wollte – mit mir als einzigen Geschäftspartner.

Wieder fürchtete ich um mein Schriftstellerleben, denn seit einiger Zeit saß ich intensiv an meinem zweiten Roman *Möblierte Zimmer*. Ich fürchtete, ich würde für mein Schreiben wiederum kaum Zeit finden und mit den mir so sattsam bekannten psychosomatischen Störungen dafür zahlen müssen – mit dem Verlöschen des Hunger- und Durstgefühls, starkem Magendruck, Schweißausbrüchen und mit bleischweren Gliedern.

Ich war an einer entscheidenden Weggabelung angekommen: Wollte ich künftig Kunsthändler oder Schriftsteller sein? Würden sich die beiden Berufe – die zwei roten Fäden meines Lebens – verbinden lassen? Wie so oft zuvor wusste sich Vater gegen alle meine Bedenken nach und nach durchzusetzen: „Willst du in die neue Galerie mit mir eintreten oder willst du als Schriftsteller leben?“, fragte er mich, ein wenig scheinheilig. Er versprach mir eine beachtliche finanzielle Unterstützung – ich bekam sie tatsächlich – und behauptete, er sehe ein, dass ich mit dieser Summe mein weiteres Leben dem Schreiben widmen würde. „Oder“, und dies konnte er nicht unausgesprochen lassen, „willst du mit mir kommen und die letzte Schlacht meines Lebens mit mir schlagen?“

Ich gab nach. Ich war nicht stark genug, nein zu sagen, ihm endlich deutlich zu sagen: Nein, ich will meinem Talent leben. Ohne Sentimentalität blicke ich heute zurück und bin der Meinung, mein Talent spätestens damals verraten zu haben. Denn Vaters Angebot: „Nimm dir drei, vier Tage pro Woche zum Schreiben und drei Tage für die Galerie!“, ließ sich nicht verwirklichen.

Hatte ich mir nicht seit Jahren geschworen: Beim ersten Aufblitzen der Möglichkeit, den Lloydschen Klauen zu entkommen, setze ich mich ab! Diese Sternstunde war nun da, und was habe ich daraus gemacht? Mag sein, dass bei meiner Entscheidung, Vater zur Seite zu stehen, auch ein Quentchen Rachelust mitgespielt hat: Ich wollte Lloyd die schlechte Behandlung heimzahlen, die er Harry so viele Jahre lang angetan hatte. Ich wollte Vater helfen, sich zu beweisen, um nicht bloß als berühmter Pensionist in Hampstead zu leben, sondern endlich zeigen zu können, wozu er fähig war, wenn er nicht im Schatten seines Partners stand.

Zwischen arabischem Terror bei der Olympiade in München und dem zu Ende gehenden Vietnamkrieg, zwischen der Abwertung des Pfundes und dem Erscheinen meines zweiten Buches, das im Gegensatz zu *Wohnungen* zu meiner immensen Enttäuschung unter anderem auch laue Kritiken erhielt, gründeten wir beide, Vater und Sohn, im September 1972 mit geliehenen Geldern unser neues Unternehmen. Das von den zwei jungen Architekten Florian Beigel und Konrad Frey gestaltete Geschäftslokal in der King Street nahe St. James' war von schlichter Eleganz und lag schräg vis-à-vis des Auktionshauses Christie's; eine geradezu ideale Adresse. Vom Tag der Eröffnung gibt es ein Schwarzweißfoto der bekannten Fotografin Lotte Meitner-Graf, auf der die Ähnlichkeit zwischen meinem Vater und mir frappierend ist. Das konnte bei gemeinsamen Geschäftsreisen zum freundlichen Hinweis mancher Hotelportiers führen: „Ihr Herr Bruder ist schon oben in seinem Zimmer!"

Wir versprachen unseren Financiers, Henry Moore würde zu uns überwechseln, und von seiner Vertretung allein konnte man schon recht gut leben. Francis Bacon signalisierte relativ bald, er wolle keinerlei Risiko eingehen, er bleibe Marlborough verbunden. Kokoschka – davon gingen wir selbstverständlich aus – wäre mit Sicherheit bereit, Marlborough zu verlassen und zu Fischer Fine Art überzuwechseln.

Einer unserer ersten Schritte nach der Galeriegründung war daher eine Reise zu Kokoschka an seinen Wohnort Villeneuve am Genfer See. Weder brieflich noch telefonisch hatte O.K. eine eindeutige Zusage ausgesprochen, und so wollten wir uns zur Sicherheit von Angesicht zu Angesicht von seinen Intentionen überzeugen.

Kokoschka und seine Frau empfingen uns freundlich. Olda wirkte auffallend aufgedreht, was unüblich war, während Kokoschka sonderbar still blieb. Weil er sonst nie still war, fiel mir dieses ungewohnte Verhalten sogleich auf.

Mein Vater eröffnete das Gespräch: „Wie schön, dass wir uns so gut verstehen. Wir freuen uns, dass du nun Marlborough verlassen und zu Fischer wechseln wirst."

Kokoschka antwortete nicht.

Ich hakte nach: „Du kommst doch zu uns in die neue Galerie?"

Immer noch keine Antwort. Dann räusperte er sich, hüstelte. Und begann zu stottern: „Ich ... ähm ... wisst ihr ... ich ... das geht leider nicht."

„Warum geht denn das nicht?", fragten Vater und ich im Duett, und mir stockte der Atem. „Weil der Lloyd hat mir gestern einen Scheck von einer Million Franken übergeben und gesagt: ‚Diese Summe hat dir der Fischer verschwiegen.' Die Firma schuldet dir eine Million Franken, aber der Fischer hat diese Auszahlung bisher immer bewusst verhindert."

Das stimmte nicht. Vater hatte zu Kokoschka nämlich stets gesagt: „Du weißt, du hast bei uns ein Guthaben von einer Million. Wann immer du das Geld brauchst, sagst du es mir." Und Lloyd mischte sich in diese Abmachung nicht ein. Doch jetzt, nach der Trennung, sah er die Gefahr voraus, dass Kokoschka zu uns kommen und Marlborough verlassen würde und zahlte ihm die Summe rasch, um uns auszuschalten.

Vater war fassungslos. Er wurde zuerst rot und dann weiß im Gesicht, sprang wütend auf, beschimpfte Kokoschka, er hätte doch immer ganz genau gewusst, dass ihm diese Summe zur Verfügung stehe, wann immer er sie benötigen würde. Und dann schrie er: „Wolfgang, los, wir gehen!“

Draußen wartete ein Chauffeur. Wir fuhren zurück nach Genf, eine knappe Autostunde entfernt, Vater saß stumm und tief eingesunken auf dem Vordersitz. Ich war hinter ihm und konnte an seiner Körpersprache ablesen, wie sehr ihn das Erlebte bedrückte und kränkte. Plötzlich nahm er sein Notizbuch zur Hand und schrieb etwas hinein, riss den Zettel heraus und reichte ihn mir wortlos nach hinten. Ich las: „Ich kann die Menschheit nicht mehr ertragen. Such’ Dir einen anderen Partner.“

Ich war schockiert. Man soll mit einem bald Siebzigjährigen kein neues Geschäft eröffnen, dachte ich in dem Moment. Ich war knapp vierzig, hatte drei kleine Kinder, war ein sozusagen „folgsamer“ Sohn, der nun vor einem Abgrund stand. Ich habe diesen Zettel noch jahrelang in der Brieftasche mit mir herumgetragen.

Bald wurde der Druck in der neuen Galerie ähnlich überwältigend wie zuvor bei Marlborough. Lohnt sich das?, fragte ich mich täglich. Ich lebte in einem schwankenden Gebäude aus Geschäftsgeist, Rachsucht gegen den ehemaligen Chef-Chef, neuen Plänen und Kostenvoranschlägen, den hohen Monatskosten mit zehn Angestellten und der ersten Jahresbilanz. Meine Angst, dass es mit dem Schreiben ganz zu Ende gehen könnte, war allzu berechtigt gewesen und wurde nun wöchentlich bedrückender. Vater erinnerte mich konstant an mein Versprechen, die ersten fünf Jahre nur für die Galerie dazusein. Ich machte mir Vorwürfe, mich nicht für die geschäftslose Freiheit entschieden zu haben. War mir die ausschließliche Schreibtischexistenz zunächst unvorstellbar erschienen, kam sie mir jetzt wieder wie das Paradies vor …

Wer möchte ich sein?, fragte ich mich in jener schweren Zeit. Ein ohne Unterbrechungen schreibendes Original-Genie, das mehr Wein, Tabak und Frauen vertrug, als es im gezähmten Zustand dem Beobachter vormachte? Ein Hans-guck-in-die-Luft und „Stehaufmanderl", dem es lachend gelang, auf Haus, Hof und Garten, Bankkonto, Versicherungen, Schulgeld, Beheizung und Entlüftung und all die anderen tausend Dinge zu verzichten? Eigentlich wollte ich ewig an meinem Schreibtisch sitzen, am einzig sicheren Ort in der immer unsicherer werdenden Welt, und die vierundzwanzig Buchstaben des Alphabets immer neu aneinanderketten wie ein persischer Weber, der den Auftrag bekommen hat, den nie endenden, einzigen Teppich des Paradieses zu weben.

Ein Jahr nach der Trennung der Partner Fischer und Lloyd sollte den Marlborough-Chef-Chef sein betrügerisches Wesen einholen. Er war in einen der größten Skandale verwickelt, den der internationale Kunsthandel bis dahin kannte. Mark Rothko, den nicht wenige Kunsthistoriker als den womöglich bedeutendsten amerikanischen Maler des 20. Jahrhunderts bezeichnen, war viele Jahre lang von Marlborough New York vertreten worden. Ich habe ihn nur flüchtig gekannt. Nach Rothkos Selbtmord hat dessen Tochter Kate von Lloyd die Herausgabe der nahezu achthundert Gemälde gefordert, die ihr Vater hinterlassen hatte. Frank Lloyd beharrte jedoch darauf, die Bilder seien durch Rothkos Tod in seinen, den Besitz der Marlborough Galerie, übergegangen. Noch zu Rothkos Lebzeiten hatte Lloyd Rothkos Werke bewusst unterbewertet und gleichsam gehortet, um eine niedrige Marktsättigung und gleichzeitig einen hohen Lagerbestand zu gewährleisten, in der sicheren Annahme, die Preise für seine Arbeiten würden nach dem Tod des Künstlers an Wert bedeutsam zunehmen.

Nicht lange nach Mark Rothkos Selbstmord begann Marlborough die unterbewerteten Werke für das Fünf- bis Sechsfache des offiziell im Nachlass genannten Werts zu verkaufen, ohne die Erben in diese enorme Preissteigerung einzuweihen. Mithilfe finanzieller Manipulationen konnte Lloyd die in Wahrheit erzielten Preise jahrelang vertuschen. Rund hundert Werke wurden auf diese Weise von Marlborough verkauft, bevor Kate Rothko die Wahrheit erfuhr und daraufhin einen Prozess anstrengte, der sich über Jahre hinziehen sollte.

Vater und ich wussten von diesen Machenschaften Frank Lloyds nicht das Geringste, aber sie überraschten uns nicht. Wir verfolgten die Prozessentwicklung gebannt und reagierten – das lässt sich nicht leugnen – mit einer Prise Schadenfreude, als Lloyds gesamtes kanadisches Kunstlager im Dezember 1975 beschlagnahmt wurde, nachdem Kate Rothko Mitteilung erhalten hatte, dieser habe sein New Yorker Lager nach Kanada verschoben, um eventuellen Sicherstellungen im Rahmen des zu erwartenden Urteils vorzubeugen. Das beschlagnahmte Lager bestand aus fünfzehn Rothkos, über zweihundert Figuren von Jacques Lipschitz, zwölf Henry Moores, Werken von Klee, Feininger, Kandinsky und anderen mehr.

„Das ist mein schönstes Weihnachtsgeschenk“, sagte mein Vater, „aber von Herzen froh können wir erst sein, wenn Lloyd am Zürcher oder New Yorker Flughafen verhaftet wird. Dann erst können wir frohlocken …!"

„Nach der Rothko-Affäre und der Beschlagnahme", vermutete Vater wohl nicht ganz zu Unrecht, „hätte mir Lloyd die ausgehandelten Raten nie und nimmer weiter ausbezahlt. Jetzt erst weiß ich, dass es richtig war, unseren Anteil wie in Trance zu nehmen. Ich hätte doch nie einen Prozess führen können. Ich bin ein Sonntagskind …!"

Die internationalen Zeitungen berichteten Ende 1975 in großer Aufmachung von der lang erwarteten Urteilsverkündung: Frank Lloyd und Rothkos drei Testamentsvollstrecker wurden zu über neun Millionen Dollar Schadensersatz verurteilt. Allerdings erlaubte man Lloyd, drei Millionen Dollar in gestohlener Ware „zurückzugeben", was meinen Vater besonders ärgerte: „Also ist der Schuft leider doch noch nicht ruiniert!"

Jahrelang stand Frank Lloyd infolge seiner Verurteilung auf einer Watchlist der Vereinigten Staaten, durfte also nicht mehr nach Amerika einreisen. Es hat ihm nicht allzu viel ausgemacht: Er lebte fortan vornehmlich in seinem Haus auf den Bahamas, mit einem Butler und allem nur erdenklichen Luxus.

Nach einer monatelangen schweren Depression im Herbst des Jahres 1974 hatte ich parallel zu meiner Arbeit in der Galerie am dritten Band meiner Trilogie zu schreiben begonnen, der Fortsetzung von *Wohnungen* und *Möblierte Zimmer*, der ich den Titel *Tausendjährige Dinge* geben wollte: die Aufarbeitung meiner Kindheits- und Jugenderinnerungen während des Hitlerregimes. Meine Mutter bemerkte, als ich sie in Wien besuchte, sofort, wie es um mich bestellt war: „Du willst jetzt aus allem aussteigen“, sagte sie, „aus dem Geschäft, aus der Familie, aus deinen Verpflichtungen, aber mit einundvierzig hat man schon zu viel am Buckel, das kannst du jetzt nicht mehr!“

In der Tat – ich wollte aussteigen, aber jeder Morgen zwang mich erneut, das Geschäfts- und Galerieleben weiterzuführen. Der dritte Band war noch ein Trümmerhaufen aus zahllosen Notizen und mehreren Kapitelanfängen, der Galerie-Alltag von einer drohenden Krise überschattet und das englische Kunstpublikum schien verschreckt. Vater wurde von Tag zu Tag – trotzdem er Hörgeräte trug – schwerhöriger, was unsere Zusammenarbeit zusätzlich erschwerte. Er bewegte sich zwischen Euphorie, Depression und Wutausbrüchen.

Unser langjähriger Arzt, Dr. Paul Goldscheider, ein aus Wien gebürtiger Industriekaufmann, war als junger Mann nach Südamerika ausgewandert, kehrte aber 1927 nach Wien zurück und studierte Medizin, bevor er 1937, in weiser Voraussicht, nach London emigrierte. „Apostel Paulus“, wie ich ihn nannte, manchmal auch schlicht „Onkel Paul“, verschrieb mir Mogadon gegen Schlaflosigkeit, Trifonol gegen Depression und fand organisch alles ganz in Ordnung, obwohl ich an meinen ewigen Schweißausbrüchen, an Herzflattern, Angstzuständen, völliger Appetitlosigkeit und Apathie litt. Er redete mir gut zu, sprach von „Herkules am Scheideweg“, der nun links oder rechts weiterzugehen habe, aber die Pille mit dem Arzneistempel „Du-musst-dein-Leben-Ändern“ könne auch er beim besten Willen nicht aus seinen Arzneischränkchen holen.

Und wenn ich Dr. Goldscheider gegenüber klagte, mich mit meinen Sorgen sehr allein gelassen zu fühlen, entgegnete dieser kluge Mann: „Du kannst der Einsamkeit nicht entgehen. Ich konstatiere in meinen Krankengeschichten oft akute Einsamkeit, da bist du wirklich kein Sonderfall. Früher, als du noch bei Marlborough saßest und über deinen Chef klagtest, fühltest du dich einsam in der Gegenwart jenes Bürokollegen, der mit seinen Freundinnen telefonierte. Du hast aber auch das amerikanische irdische Paradies vom Smith College nicht ertragen! Du tanzt auf einem Seil zwischen Gosse und Paradies, das ist dein Leben: obenauf sein, das Leben meistern, auf diesem Seiltänzerweg auch noch ein Lied zu pfeifen. Belüge dich nicht selbst – du willst weder das Paradies, noch willst du die Gosse. Das Seil willst du! Also balanciere weiter!"

„Du darfst nicht aufgeben", hatte Hilde Spiel mich ermutigt, als ich von meinen Selbstzweifeln sprach, wir saßen im Garten ihres Sommerhauses in St. Wolfgang. „Du musst den dritten Band in Angriff nehmen! Es nicht zu tun, wäre jammerschade!" Das wäre nicht nur jammerschade, dachte ich daraufhin, das wäre mein Todesurteil. Ich zuckte leise zusammen und witzelte dann über das Thema hinweg.

Auch Elias Canetti, den ich einige Jahre später traf, bestärkte mich, meine Schriftstellerei niemals aufzugeben. Ich begegnete ihm zum ersten Mal bei einem Abendessen, zu dem wir bei Kiki Kogelnik, die mit ihrem Mann ein Jahr in London verbrachte, eingeladen waren. Zunächst war es mir unangenehm, Canetti gegenüberzusitzen; ich erinnerte mich, dass sich mein Vater einst weigerte, sein damals erschienenes Buch *Die Blendung* in die Auslage zu stellen: „Wenn ich dieses Buch in die Auslage stelle, verliere ich meine Kunden." Ich wollte nach dem Essen Canetti darauf ansprechen, und er kommentierte mit einem freundlichen Lächeln: „Bei mir gibt es keine Kollektivschuld."

Es tat mir jedes Mal besonders wohl, ihn zu sehen, zu sprechen. Er erzählte mir während eines Abendessens in der Zürcher Kronenhalle von seiner vierjährigen Tochter Johanna, die er als 67-Jähriger bekommen hatte. Sie hatte sein Leben von Grund auf verändert: „Ich stehe jetzt wegen des Kindes um sieben Uhr früh auf und bin trotzdem schon um halb neun am Schreibtisch. Bis dahin war ich Nachtschreiber, Nachtmensch, meine Freunde sagten mir, dass ich als ‚Tagmensch' schreibend nicht existieren werde, aber es geht wunderbar, der Mensch ist unvorstellbar anpassungsfähig …"

Seine Werke seien nun auch ins Japanische übersetzt worden, berichtete er stolz – der Nobelpreis lag noch in weiter Ferne – und er schreibe an einer Autobiografie (sie erschien Jahre später als ungemein erfolgreiche Trilogie). Darin wolle er den Beweis erbringen, dass man mit fünf Sprachen aufwachsen, sie alle gleich gut beherrschen könne (Bulgarisch, Deutsch, Französisch, Englisch und Ladino) und dann nach freier Wahl diejenige auswähle, in der man schreiben möchte. Er gewährte mir auch Einblick in ein Geheimnis: „Es kann gar nicht genug Listen und Vorsichtsmaßregeln geben, um ein echtes Tagebuch geheim zu halten. Schlössern ist nicht zu trauen, Geheimschriften sind besser. Ich verwende eine abgeänderte Kurzschrift, die niemand zu entziffern vermag, der nicht eine Arbeit von Wochen daran verwendet. So kann ich aufschreiben, was ich will, ohne je einem Menschen zu schaden oder wehzutun. Und wenn ich endlich klug und alt geworden bin, werde ich entscheiden, ob ich diese Tagebücher ganz verschwinden lasse oder einem geheimen Ort anvertraue, wo sie durch Zufall, in einer fernen Zukunft, vielleicht aufzufinden wären." Apropos klug und alt, Canetti pflegte auch zu betonen: „Ich nehme den Tod nicht zur Kenntnis, dieser Halunke existiert für mich nicht; und wenn er's wagen sollte, sich zu nähern, werde ich ihn bekämpfen bis zum letzten Atemzug ..."

Wir verabschiedeten uns an jenem Tag halbwegs zwischen Kronenhalle und meinem Hotel, Canetti sprang hinter dem Schauspielhaus in ein Taxi und gab dem Fahrer das Ziel in Schwyzerdütsch an. In seiner Kleinheit versank er am Rücksitz, ich sehe noch, wie sein eckiges Haupt schulterlos im rückwärtigen Fenster des Wagens hin- und herschwankt.

In der Galerie ging alles den üblichen, mich ungemein belastenden Gang, wobei nicht zu übersehen war, wie schwer es uns zuweilen fiel, monatlich genügend zu verdienen, nachdem die „großen Namen" bei Marlborough geblieben waren. Henry Moore verkaufte immer mehr direkt an Sammler und andere Händler, Vaters zunehmende Schwerhörigkeit ging dem Bildhauer extrem auf die Nerven, trotzdem überließ er uns Teile seiner Produktion weiterhin zum Verkauf. Unsere Einnahmen stammten darüber hinaus aus dem Handel mit Werken von Egon Schiele, Josef Hoffmann, Emil Nolde, Ernst Barlach, Paul Klee oder Constantin Brâncuşi, um einige der wichtigsten geldbringenden Künstler zu nennen.

Ich überredete meinen Vater, österreichische Künstler auszustellen, die Frank Lloyd niemals in der Galerie Marlborough zugelassen hätte, darunter Karl Korab, Hubert Schmalix und Alfred Hrdlicka. Lediglich Arik Brauer konnte ich zu Marlborough-Zeiten dem Chef-Chef unterjubeln, und ich bin noch heute stolz darauf, diesem Ausnahmekünstler seine erste amerikanische Ausstellung, im Rahmen von Marlborough New York, ermöglicht zu haben.

Auch dank der Arbeiten von Richard Lindner, Arthur Boyd und Sydney Nolan ging es Fischer Fine Art eine Zeitlang verhältnismäßig gut. Mit dem von Deutschland nach Amerika emigrierten Maler Richard Lindner verband mich sogar eine Freundschaft; leider ist sein Werk heute mehr oder weniger in Vergessenheit geraten. Er war aber einst so erfolgreich, dass er sich eine Wohnung in Paris unmittelbar gegenüber dem Louvre kaufen konnte. Als ich ihn beglückwünschte: „Du kannst nun also – wunderbar! –, wann immer du willst, einfach hinüberspringen in den Louvre", gab er trocken zurück: „Den brauch' ich nicht mehr."

Vater ermahnte mich von Zeit zu Zeit: „Du musst eben doch noch weitere zwei Jahre opfern und nicht ans Schreiben denken!" Diskussionen darüber waren fruchtlos geworden, am liebsten hätte ich jedes Mal, wenn das Thema angesprochen wurde, herausgebrüllt: „Schreiben ist meine zweite Natur, die kann man mit Ruten auszutreiben versuchen, aber sie kommt doch immer wieder zurück, und zwar in Form von Depressionen, wenn sie, wie jetzt wieder von dir, behindert wird!" Hinzu kam die konstante Reue und Selbstanklage, neuerlich ins Galerieabenteuer gesprungen zu sein, obwohl ich längst begriffen hatte, dass diese beiden Dinge nicht zusammenzuzwingen waren. Kein Wunder, dass mir die *Tausendjährigen Dinge*, an denen mir so viel lag, nicht in der Form gelingen wollten, die ich mir ausgemalt hatte.

Vor dem abendlichen Einschlafen fielen mir – im Dunkel des Zimmers – wie von selbst Gedicht- und Prosazeilen ein, als wäre ich noch der von Liebeskummer oder Examensangst geplagte Student der Wiener, Freiburger oder Pariser Universität und nicht der Partner einer hochangesehenen Firma, der Vater von drei Kindern, der mit aller Gewalt wieder zum Schreiben strebende und in Leidenschaften verwickelte Wolfgang Georg Fischer.

Krisenjahre

Am Beginn des Jahres 1975, knapp vier Jahre nach der Gründung von Fischer Fine Art, kam es in unserer Firma zu einem bedrohlichen Liquiditäts-Engpass. Die laufende Ausstellung zweier junger englischer Künstler, Ben Johnson und Hector McDonell, war zwar ausverkauft, doch die Preise mussten so niedrig gehalten werden, dass der Erlös nicht einmal ein Viertel der Monatskosten deckte. Der Umsatz war in den zurückliegenden Monaten gegenüber dem Vorjahr um die Hälfte geschrumpft. Vater tobte, ja weinte sogar, er beschuldigte jeden und jede, vor allem aber sich und mich. Mit der großen, globalen Wirtschaftskrise kam alles an die Oberfläche, was mit Gewalt unter Wasser gehalten worden war: meines Vaters lebenslange Unsicherheiten, die Lebensängste seiner Frau Elfriede, Juttas Gefühl, zwischen den Mühlsteinen Vater und Sohn eingezwängt zu sein, mein alter und nun noch gesteigerter Widerwille gegen das „Vollblutkaufmännische" (jahrzehntelang hatte ich mich zum Vollblutkaufmann vergewaltigt) bei gleichzeitigem Angezogensein vom Kunsthandel-Roulette. Meine Nachttischlade war ein Pillenschrank voller Beruhigungs- und Schlafmittel.

Wie sollte es also weitergehen? Unser damaliger Steuer- und Finanzanwalt schätzte die Lage besonders pessimistisch ein. Er warnte sogar, wir könnten die Krise auf Dauer nicht durchstehen und riet mir, die Galerie zuzusperren. Dies meinem Vater mitzuteilen, hielt ich für undenkbar, und so bat ich den Anwalt, die bittere Sachlage zunächst mit Elfriede zu besprechen. Kaum hatte sie die schlimmen Nachrichten erfahren, begann sie auch schon, mich mit Anschuldigungen zu überhäufen: „Als ich den Vater noch beraten konnte, da ging's! Diese wunderbaren Ausstellungen bei Marlborough, *Art in Revolt* oder *Bauhaus*, da war er noch glücklich! Aber seit du sein Partner bist? Immer nur hetzt du ihn in neue Einkäufe hinein. Tja, wenn man nicht sparen kann, hat doch alles keinen Sinn. So ist das eben!"

Daraufhin mein lautstarkes, lippenbebendes Zurechtrücken der Wahrheit, denn genau das Gegenteil war der Fall. Seit Monaten hatte ich Vater vor weiteren Einkäufen und Verpflichtungen zurückgehalten und vor allem eine Zweigstellengründung von Fischer Fine Art in Toronto, die er sich sehnlichst wünschte, zu verhindern gewusst.

„Ach, das glaub' ich dir nicht!", gab Elfriede knapp zurück.

Dann erlitt Vater eines Nachts im März 1975 auch noch einen Blutsturz. Im Hampstead Hospital lag er allein in einem der wenigen Privatzimmer, die nur für Ärzte, hohe Politiker oder andere außergewöhnliche Patienten gedacht waren und wollte die Geschäfte vom Krankenbett aus führen. Er musste von den Ärzten mit großen Dosen Valium in Schach gehalten werden. Nach einer Woche stand die Diagnose fest: Magengeschwüre.

„Ein Magengeschwür heißt Wolfgang!", sagte Vater daraufhin, „und das andere Elfriede!"

„Aber sprich nur ja nicht übers Geschäft mit ihm", flehte mich die fürsorgliche Elfriede mit emporgeworfenen Händen und schriller, brechender Stimme an, „du darfst ihn nie mehr aufregen. Sprich nur Alltägliches oder Nettes mit ihm!"

Kaum betrat ich das Krankenzimmer, ging das Fragenbombardement bereits los: „Welche Geschäfte? Was ist in der Post? Wird sich der Lloyd zur Bacon-Eröffnung nach New York wagen, ich glaube nicht, was glaubst du? Also du fährst doch auf alle Fälle, jetzt wirst du mir zeigen können, ob du wirklich tüchtig bist …!"

Die zunehmende Schwerhörigkeit machte die Besuche nicht einfacher. So wurde zwischen richtigem und falschem Fischer hin und her geschrieen wie in der Galerie.

Bereits wenige Monate später der nächste Schock: Vater erlitt einen schweren Herzinfarkt und eine Lungenembolie. Sein Leben hing mehrere Tage bloß noch an einem Faden. Danach musste er wochenlang stillhalten, bis die ärgste Gefahr gebannt war. Nichts fiel ihm schwerer als das. Doch nach diesem Vorfall erholte sich sein Herz nie wieder ganz, so dass die nächsten Jahre von einem sich weiter verschlechternden Gesundheitszustand überschattet waren. Oft stürzte er zu uns ins Haus, um Geschäftliches zu erledigen und betonte zugleich, wie elend es ihm ginge.

„Soll ich wieder gehen?", jammerte er, „ihr müsst jetzt sehr lieb mit mir sein, meine Nerven sind kaputt, also, ich gehe wieder … Aber wie soll der Katalog der nächsten Ausstellung ausschauen, Moore verlangt eine genaue Abrechnung der Grafik-Verkäufe, wir sind ihm mindestens 50.000 Pfund schuldig!"

Seinen Herzinfarkt bezeichnete er als „Atombombe". „Du wirst dich also daran gewöhnen müssen, mehr als vier Stunden am Tag zu arbeiten!" Als ich widersprach, es seien täglich mindestens acht Stunden, die ich der Galerie widme, blieb er stumm.

Der Pegel meiner Angst stieg immer weiter an. Hier der immer schwächer werdende und an Herzinsuffizienz leidende Vater, dort das immer schlechter gehende Geschäft, in dem ohne seine Einwilligung aber keine einschneidenden Maßnahmen getroffen werden konnten. Ein würgendes Endzeitgefühl ließ sich jeweils nur kurz oder für ein paar Feiertagsstunden unterdrücken.

Umso dankbarer reagierte ich auf bisher nie gekannte Glücksmomente wie den Anblick zweier lustig flatternder Drachen, die ich mit meinem Sohn vor der Silhouette von St. Paul's Cathedral am Horizont in den wolkenlosen Himmel steigen ließ. Es schien mir, als würde ein ganz neues Leben vor mir liegen, von dem ich noch nichts Genaues wusste und das mich zunehmend ängstigte.

Eine willkommene Abwechslung in diesen schwierigen Zeiten war der Besuch bei dem Schriftsteller Ernst Jünger. Michael Klett, dessen Vater die Jünger-Gesamtausgabe betreute, hatte mich gebeten, einen Maler vorzuschlagen, der Ernst und seinen jüngeren Bruder, den Lyriker Friedrich Georg Jünger, porträtieren könne. Ich nannte ihm ohne zu zögern Michael Leonard, der 1933 in Indien als Sohn englischer Eltern geboren wurde, in London lebte und von Fischer Fine Art erfolgreich vertreten wurde. Klett war sofort einverstanden.

Während einer rasanten Autofahrt von Stuttgart zu den beiden Literaten war der Verleger rührend bemüht, uns deren Bedeutung für die deutsche Literatur darzulegen. Michael Leonard ahnte zu diesem Zeitpunkt ganz und gar nicht, dass er ausgewählt worden war, die beiden zu malen.

Nach einem Kurzbesuch bei Friedrich Georg Jünger und seiner Frau in Überlingen am Bodensee fuhren wir weiter nach Wilflingen, nahe Langenenslingen, wo Ernst Jünger ein efeubewachsenes Försterhaus bewohnte, das gegenüber einem mächtigen Schloss der Stauffenberger lag. Er kam uns in seinem Wohnzimmer mit schnellen, kleinen Schritten – abgezirkelt wie die eines französischen Tanzmeisters – entgegen und gab jedem rasch die Hand, so, als wollte er uns auf keinen Fall zu genau kennenlernen. Klett überreichte ihm eine rosa-violette Orchidee. „Ah, eine …", und dann folgte ein langer lateinischer Name, der dem Natur- und Blumenfreund natürlich bestens vertraut war. An den Wänden kleine Kästchen mit aufgespießten Käfern, Alraunen und Wurzeln sowie ein bis zum Rand gefüllter Wäschekorb voll Muscheln und Schneckenschalen.

Mein Blick fiel dann auf ein Foto an der Holzwand: Jünger im Tropenanzug mit gezücktem Schmetterlingsnetz, vor und hinter ihm einheimische Kinder mit weit aufgerissenen Augen. „Das ist in Angola", sagte Frau Jünger, die plötzlich aufgetaucht war, „damals hatten wir noch eine schöne Zeit dort! Und jetzt lesen, hören und sehen wir täglich, was dort Schauderhaftes vor sich geht!"

Das Schreibzimmer lag dahinter. Der Schreibtisch war mit Papier- und Druckschriften getürmt, alles in peinlicher Ordnung gehalten und mit preziösen Dingen beschwert: Ein Vergrößerungsglas lag da, ein schöner Stein, eine leicht geöffnete, kleine silberne Schere.

Im Halbdunkel zwischen Tür und Schreibtisch stehend, sagte ich scherzhaft: „Wissen Sie, Herr Jünger, dass Sie daran schuld sind, dass ich beim Deutsch-Abitur statt einem ‚Sehr gut' nur ein ‚Gut' bekommen habe?"

„Wieso?"

„Der Vorsitzende wollte meine Lieblingsschriftsteller wissen. Ich nannte Sie, denn ich hatte damals gerade Ihr Pariser Tagebuch gelesen und war begeistert. Er aber muss zum Lager Ihrer Gegner gehört haben…"

„Weil ich Nazi bin!", kam es mit einem Schuss Ironie, wie aus der Pistole geschossen, zurück.

„Das weiß ich nicht", log ich, „jedenfalls sitzt der Name Jünger seither fest im Netz meiner Erinnerungen…"

Michael Leonard, der den Grund des Besuchs inzwischen kannte, schlich unglücklich durch die vollgestopften Räume und suchte offenbar vergeblich, den richtigen Motivwinkel zu finden. Er plante, sein Gemälde nicht an Ort und Stelle, sondern auf Basis von Fotografien zu malen und musste zu diesem Zweck möglichst viele hervorragende Aufnahmen zustandebringen. Im Fall von Friedrich Georg Jünger hatte er in Überlingen ebenfalls mehrere Filmrollen verschossen. Nun war es bereits zu dunkel geworden, und Leonard bat, am nächsten Vormittag nochmals zurückkehren zu dürfen.

Unterdessen gewährte mir Frau Jünger Einblick in das große Briefarchiv ihres Mannes; sie hatte einst als Archivarin der Literaturarchive in Tübingen und Marbach gearbeitet und zeigte mir die Karteikarten mit den Namen der Absender und die daneben fein säuberlich eingetragenen Datumsangaben.

„Gibt's auch den Namen Hitler im Archiv?", fragte ich scheinheilig.

„Aber natürlich", antwortete sie bereitwillig, fast freudig, „H, Ha, Hi – hier ist die Mappe – He – Hess – bis Hi – Hitler …!"

Sie entnahm dem Bibliothekskasten ein Konvolut, und schon kam der erste Brief Adolf Hitlers an Ernst Jünger zum Vorschein. Er war aus dem Jahr 1925. Hitler schrieb, er habe Jüngers *In Stahlgewittern* mit großer Aufmerksamkeit und Begeisterung gelesen, auch er hätte als Soldat des Weltkrieges ähnlich empfunden, und er hoffe, bald des Autors Bekanntschaft machen zu dürfen.

Damals hatte ich *In Stahlgewittern* noch nicht gelesen, andernfalls wäre ich dem Dichter an diesem friedlichen November-Nachmittag des Jahres 1975 bei Kaffee und schön aufgelegten Kuchenstücken um den runden, hell polierten Biedermeiertisch wohl etwas weniger freundlich gegenüber gesessen. Ich fragte ihn wie nebenbei: „Haben Sie Erich Maria Remarque gekannt, Herr Jünger?"

„Ja fast, ein Freund saß mit mir in einer Bar in Berlin, tippte mit dem Finger in eine Ecke und sagte: ‚Dort sitzt Remarque!' ‚Bring ihn doch her', sagte ich, er ist aber dann nicht gekommen."

Am nächsten Morgen fuhren wir noch einmal nach Wilflingen. Ein dunkler, feuchter Tag. Michael Leonard war mit den Lichtverhältnissen noch immer unzufrieden. „Perhaps Mister Younger could wear a light suit", schlug er vor. Daraufhin machte sich Frau Jünger auf die Suche nach einem Sommergewand, und ihr Göttergemahl wurde in einen schneeweißen Anzug gesteckt: Positionierung in einem Stuhl mit hoher geschnitzter Lehne, oben im zweiten Stock, neue Aufnahmen im hellen Schlafzimmer Frau Jüngers. Auf ihrem Bett ein Berg Lebkuchenherzen mit

Zuckeraufschriften: „Die kauft mir Ernst auf allen Jahrmärkten der Umgebung!“, flüsterte sie mir zu.

Als wir abends wieder in Stuttgart zurück waren, gab Michael Klett in fortschreitender Sektlaune Erzählungen über Frau Jünger zum Besten, dem Weibsteufel aus Wilflingen. Dass sie den achtzigjährigen Ehemann nach ausgedehnten Wirtshausbesuchen oft aussperre und dessen verzweifeltes Klopfen genieße, während sie wach und lauernd im Bett liege. Sie habe den Gatten und Klett einmal sogar so weit gebracht, dass die beiden durch das Fenster einsteigen mussten; und sie saß im wollenen Schlafrock auf der Treppe und ließ ihren Mann nicht zu sich ins Schlafzimmer vor. Außerdem sei sie eine begeisterte Nationalsozialistin gewesen und habe sich noch im Frühjahr 1945 mit dem Gedanken getragen, den handschriftlichen Hölderlin-Nachlass aus dem Archiv, in dem sie arbeitete, zu verbrennen, damit dieses Denkmal des Deutschtums den herannahenden Franzosen nicht in die Hände fiele. Der damalige Archivdirektor jedoch habe die Kisten in einen kleinen, holzkohlebetriebenen Lastwagen gepackt und sei mit „Hölderlin am Rücksitz“ von Schloss zu Schloss gezogen, um ein sicheres Versteck zu finden, weniger vor den Franzosen als vor den verblendeten Ewig-Unverbesserlichen.

Die Rückkehr nach London holte mich augenblicklich auf den Boden der Realität zurück. Vater hatte, als ich unterwegs zu Ernst Jünger war, neben allen gesundheitlichen Problemen auch noch einen Schlaganfall erlitten. Ich eilte vom Flughafen direkt ins London Hospital. Harry empfing mich mit Vorwürfen: „Warum bist du nicht sofort zurückgekommen, als du von meinem Schlaganfall erfahren hast?“ Dabei erinnerte ich mich, dass er beim Tod seiner Mutter einen Stuttgart-Besuch nicht abbrach. Als seine Mutter starb, es war im Jahr 1959, verhandelte er gerade mit dem Finanzminister von Baden-Württemberg. Eine Sammlung im Wert von zehn Millionen DM war an das Stuttgarter Museum verkauft worden, und Marlborough sollte eine große Vermittlergebühr kassieren. Ich hatte Vater damals vorgeschlagen, die Abwicklung dieses Geschäfts Frank Lloyd zu überlassen; sich der Trauer um seine Mutter hinzugeben, wäre in diesem Moment wichtiger als alles andere. Vater antwortete mir damals: „Ich werde doch den Ruhm nicht dem Lloyd überlassen, das würde dir so passen, du Trottel!“

Vaters Gesundheitszustand verbesserte sich auch in den nächsten Monaten nicht. Herzkrank und nach Luft ringend, keuchte er nicht selten ins Telefon: „Warum kommst du wieder so spät in die Galerie? Hast du neue Ausstellungsideen? Wir können ja nicht nur von Henry Moore leben; nach Rodins Tod gab's zehn Jahre auch keinen Rodin-Markt.“ Alles Unangenehme musste ihm einerseits verschwiegen werden, andererseits konnte und wollte ich gewisse Entscheidungen nicht ohne Rücksprache mit ihm treffen. Elfriede warf sich daraufhin mit moralinsaurem Altjungfernton dazwischen und schrie: „Ja, Wolfgang, du wirst den Vater töten, das wirst du!“

Vaters Aktivitäten waren immer mehr auf den Gang zum Briefkasten an der Straßenecke und auf den ständigen Kampf mit der durch die Herzschwäche verursachten Atemnot beschränkt. Die Monologe des Schwerhörigen wiederholten sich wie eine wieder und wieder aufgelegte

Schallplatte: Dr. Goldscheider sei ein schlechter Arzt, ich kein vorwärtsstürmender Chef, unsere Angestellten seien einfallslose, faule Idioten und einen Kuraufenthalt könne er sich eigentlich nicht mehr leisten. Ich empfand es als bedrückend, dass er in seinem Leben nie den Mut zu etwas jenseits des Zweckdienlichen, Einbringlichen aufgebracht hatte – eine Reise um die Welt etwa, eine Geliebte, an die er Herz und Geld verlöre oder zu sonst einer monumentalen Absurdität. Die Traurigkeit des herzkranken Millionärs, der sich, gleichsam als negative Krönung seines Lebens, zu guter Letzt verspekuliert hat – darin bestand die eigentliche Wirklichkeit jener Monate.

Immer deutlicher zeichnete sich ab, dass wir bald illiquide sein könnten. Die Pleiteangst war zu Beginn des Jahres 1976 besonders groß, gemischt mit Vaters Furcht vor dem Zusammenbruch der Welt und der Reue über Fehlspekulationen seit 1972, die das schwer im Sturm kämpfende Fischer Fine Art-Schiffchen wie ein Leviathan in die Tiefe zu ziehen drohten. Eine kleine Galerie in Stuttgart hatten wir inzwischen aus Kostengründen schließen müssen. Rückblickend glaube ich, dass wir für die Größe unserer Londoner Galerie in Wahrheit zu wenig Kapital hatten. Das war die eigentliche, harte Wahrheit.

„Erkundige dich sofort, wie die Liquidation eingeleitet werden kann!“, befahl mir der Todkranke. Wie aber werde ich nach einer gefürchteten Schließung der Galerie Frau und Kinder durchs Leben bringen?, fragte ich mich. Mit welchem Beruf, in welchem Land? Bleibt das Schreiben ganz auf der Strecke, oder gibt's noch einmal die Chance für ein Freistrampeln aus dem Kokon?

Dazwischen Elfriedes schrille Töne: „Kannst du denn das Geschäft wirklich alleine führen, ohne den Vater? Ach, hättet ihr es doch nie angefangen, er hält diese Anspannung nicht mehr aus, der Arzt sagt doch, Aufregungen wären tödlich, und auch ich kann nicht mehr. Er möchte ja gern aufgeben, aber er weiß nicht, was er mit dir und deiner Familie anfangen soll!“

Der Käfig, in dem ich herumtappte, wurde immer enger und der Traum vom Schreiben mehr und mehr zur Phantasmagorie. Der Körper zeigte das Dilemma, wie so oft bei mir, an: Erbrechen am Morgen, Schweißausbrüche, dann wieder Frösteln, lustlose Nahrungsaufnahme, Unfähigkeit zu kreativer Lektüre. Die schönste Musik klang wie Lärm, der Kampfslogan, „Du musst 100.000 Pfund Monatsumsatz machen – sonst gehst du unter“, war unablässig präsent wie der Wind auf Primrose Hill, der die Drachen meines Sohnes hin und her riss.

In den seltenen Atempausen las ich Max Brods Biografie über Franz Kafka und vertiefte mich auch in Kafkas Tagebücher. In Anbetracht dieser absoluten Leidenschaft des Pragerdeutschen Dichters wollte ich alles bisher Entstandene in den Papierkorb stopfen und nur noch spazierengehen. Unaufhörlich auf Primrose Hill spazierengehen, immer verzweifeltere Runden drehen, dann die Arme ausbreiten und über Regents Park und die City bis zur Kuppel von St. Paul's Cathedral fliegen, um allen Literaten zwischen Fleet Street, Bloomsbury und Whitehall zuzurufen: „Halt, aufhören! Mit drei großen Schriftstellern – Kafka, Musil und Broch – hat ein Jahrhundert mehr als genug.“

Das Ende einer Ära

Im Februar 1977 verschlechterte sich der Zustand meines Vaters ins Bedrohliche. Seit zwei Wochen lag er bereits im National Heart Hospital. Unter dem Einfluss verschiedenster Narkotika waren plötzlich Bewusstseinsstörungen eingetreten, die wiederum Angst-Halluzinationen auslösten. Er rief in der Galerie an und fragte mich: „Warum hast du das Spital verschoben? Melde das sofort bei der Polizei, kein Zögern, was du dir eingebrockt hast, musst du auch auslöffeln. Und lass' die Elfriede aus dem Spiel. Du hast das Spital verschoben!" Einen Tag später stotterte er in durch Atemnot unverständlichen Sätzen: „Es ist klar, dass Elfriede in Berlin ein Verhältnis hat. Sie ist doch erst unlängst dort gewesen, und ich muss mir jetzt einen Anwalt nehmen..." Meinen Einwand, dass Elfriedes Berlinreise von ihm selbst wegen der Vorbereitungen einer Ausstellung veranlasst worden war, hörte er nicht, sondern sponn den Wahngedanken vielmehr weiter: „Ich bin ein alter Mann, seit Monaten bettlägerig, es ist also ganz klar!"

In helleren Augenblicken beschäftigte seine Fantasie die k.u.k. Monarchie, die Habsburger und Theaterstücke, die er noch zu schreiben vorhatte, angesiedelt im Milieu des alten Österreich vor 1914. Eine Konversation war wegen seiner extremen Schwerhörigkeit jedoch nahezu unmöglich. Kurz vor Ostern wurde er vom Spital nach Hause verlegt, wo Krankenschwestern rund um die Uhr für ihn sorgten. Er rief mich zu sich: „Du musst alles mit Elfriede teilen! Ich brauche eine Opiumspritze!"

Um ihn zu beruhigen, fragte ich: „Willst du ein bisschen etwas essen?“

„Nein, ich kann schon seit Monaten nichts essen!“

Er warf sich unruhig im Bett umher, hielt die Augen geschlossen, die er nur ab und zu plötzlich aufriss, um einen glasigen, unkonzentrierten Blick in die Runde zu werfen, dann schloss er sie schnell wieder und sagte: „I don't want to die peacefully in my sleep!“

Am Ostersonntag saßen Elfriede und ich den ganzen Tag an Vaters Bett. Er stöhnte und atmete schwer. Die Szene erinnerte mich an die letzten Stunden des Grafen Besuchow in Tolstois *Krieg und Frieden*. Über der Brust gefaltete Arme, halbgeöffneter Mund, die Nase groß und spitz, die Augen klein, in tiefen Schatten liegend. Von draußen hörte ich das kichernde Gespräch der beiden Krankenschwestern, die einander ablösten. Für sie war das alles vermutlich Routine.

Zwei Tage später, am Osterdienstag, dem 12. April 1977, starb Vater. Er war vierundsiebzig Jahre alt geworden. Ich konnte nicht weinen. Durch das halboffene Fenster drang Vogelgezwitscher. Als ich später allein mit ihm war im Todeszimmer, versuchte ich, von seinem Gesicht Abschied zu nehmen, es zu berühren und fragte mich: Was bleibt von diesem Körper, der mein Vater war? Von einem Vater, den ich sehr geliebt habe, so schwer ich es mit ihm zuweilen auch hatte, so sehr ich ihm sein Verhalten gegenüber meiner Mutter nachtrug.

Am Vorabend der Bestattung wurde der schwere, braune Sarg aus Eichenholz in der kleinen katholischen Kirche St. Mary's in Hampstead auf einen hohen Katafalk gestellt. Elfriede ließ ihn mit Moos, Zweigen, Blumen gänzlich bedecken, und so wirkte er wie ein gleichsam in der Luft schwebender Garten. Unser Sohn Toby, mittlerweile acht Jahre alt, zupfte an meinem Sakkoärmel: „Is your daddy in there?“ Ich sagte: „Yes, my darling“, und mir lag eine ungeschickte Erklärung über den toten Körper und die unsterbliche Seele auf den Lippen, aber da war Toby schon aus der Kirche gerannt und weder durch Versprechungen noch gutes Zureden dazu zu bewegen, zurückzukehren.

Am nächsten Morgen wurde für den getauften Juden eine katholische Feier abgehalten. Der Schock des Vorabends saß bei Toby noch so tief, dass wir ihn in der Obhut von Onkel Paul (Dr. Paul Goldscheider) zurückließen.

Der meist jüdischen Trauergemeinde mutete man ein langes lateinisches Requiem nach tridentinischem Ritus zu. Viele der Anwesenden reagierten überrascht. Ich hörte sie tuscheln: „Old Mr. Fischer wasn't Jewish? How come? Who would have guessed?!" Alfred Brendel hatte mir ein junges Quartett empfohlen, das den Satz der Haydn-Symphonie mit der berühmten Melodie „Gott erhalte …“ spielte. Ein wohlorganisiertes, durchdachtes Schauspiel, das den Lebensumständen des Mannes, der unter dem pantheistischen Zaubergarten im eichenen Sarg lag, durchaus entsprach. Vater war mit sieben Jahren getauft worden, mit fünfundzwanzig aus der Kirche ausgetreten, um protestantisch zu heiraten, war dann geschieden worden, seine zweite Frau hatte er durch Selbstmord verloren, weil die dritte schon in den Kulissen stand. Seit seiner Jugend, die er bei den Benediktinern im Wiener Schottengymnasium verbracht hatte, liebte er das Mystische, die theatralische Größe des Kults, war sündenbewusst trotz unaufhörlichen Sündigens, war also dem Katholizismus durchaus zugetan und sah in ihm Leben und Tod in einer großen barocken Geste umfasst.

Der prominenteste Trauergast war Henry Moore, jener Hauptpfeiler der Galerie Fischer Fine Art, und, wie Vater immer betont hatte, „mein Freund“. In der großen Trauergemeinde erspähte ich Miss Valerie Beston, das Faktotum aus der „Marlborough-Zeit“, die ihn, wie er sagte, „verraten“ hatte, weil sie den Exodus zu Fischer nicht mitgemacht hatte, so sehr sie den Chef-Chef auch hasste.

Nach der Beerdigung ging für uns Lebende der Alltag bald weiter. Zunächst mit der Testamentseröffnung. Vaters Erbe gehörte zur Hälfte Elfriede, zur Hälfte mir: „Meinem lieben Sohn und meiner lieben Frau.“ Dazu zählte auch das Danaergeschenk der Londoner Galerie. Vaters Halbanteil ging in seiner Gänze an Elfriede, und mir war's recht.

Ob der Stachel des Irrtums von 1972, unserer Galeriegründung, sich als wahrhaft fatal herausstellen würde, hing nun großteils von der allgemeinen Weltwirtschaftslage ab, die seit dem Kriegsende noch nie schlechter gewesen war. Der Mühlstein eines rückblickend viel zu teuer eingekauften Lagers war Elfriede und mir als Erben nun um den Hals gelegt. Der erste Offizier, der ich in den letzten Jahren gewesen war, war plötzlich zum Kapitän avanciert, der das Galerieschiff durch die Höhen und Tiefen der Geschäftsmeere steuern musste.

Immer dringlicher stellte sich mir die Frage, wie und wann denn nun endlich mein dritter Roman entstehen würde, die *Tausendjährigen Dinge*. Würde ich das Geschäft durch die Rezessionstiefen hinweg manövrieren können? Sollte sich die Idee der zwei zusätzlichen Schreibtage – Montag, Dienstag, plus Samstag und Sonntag – mit der Galeriearbeit in Zukunft vereinbaren lassen? Was tun, sollte die Galerieschließung unausbleiblich sein? Oft konnte ich die Vorstellung nicht abschütteln, mein ganzes bisheriges Leben sei falsch verlaufen.

Zugleich machte ich die beschämende Erfahrung, dass sich ein ungeahntes Freiheitsgefühl einstellte, seit mein Vater nicht mehr auf der Welt war, eine vorher nicht gekannte Dankbarkeit, ja Freude. Sie kam aus der für den Gesunden ganz selbstverständlichen Kraft, unbelastet atmen und aufrecht sitzen zu dürfen. War das die natürliche Reaktion, die die dreitausendjährige Diktatur der judäo-christlichen Tradition nicht zugestand, und von dessen Sündenstigmata sich kein „guter Sohn" von Hamlet bis Freud und Kafka befreien konnte?

Man sollte die Kraft haben, dachte ich damals, die eigenen Kinder nach ihrem zwanzigsten Jahr nicht mehr mit dem erdrückenden Gewicht der elterlichen Gegenwart zu belasten. Aber ich ahnte, man würde schwach, besitzergreifend und verblendet sein und davon ausgehen, das Leben der Kinder sei eine würdige Fortsetzung der eigenen Ideen, Überzeugungen, Wertvorstellungen und Wünsche. Würde also auch ich eines Tages wie ein steinerner Gruftdeckel auf dem Leben der Kinder liegen? „Gott bewahre mich davor!", rief ich mir damals zu. Diese Einsicht des Dreiundvierzigjährigen erschien mir im Alter wie ein infantiler Traum.

Der Umsatz im Sommer des Todesjahres meines Vaters war der schlechteste der damals fünfjährigen Geschäftsgeschichte. Ich wusste nicht, ob und wie ich mit Fischer Fine Art über das nächste Jahr kommen sollte. Du wirst die Galerie nicht durchbringen, du musst die große Niederlage einstecken!, rief ich mir zu. Oder: 100.000 Pfund Monatsumsatz musst du einnehmen, sonst kommst du in die roten Zahlen! Dieser kapitalistische Imperativ klopfte wie ein unaufhörlich schlagendes Hämmerchen in meinem Hirn, in meinem Herz, in meinen Gedärmen. Und im Nacken saß mir der Erfolgszwang. Ich hatte nun dreizehn Angestellte, im Grunde viel zu viele, denn so groß war die Galerie ja nicht. Hatte ich Scheu, jemanden zu entlassen? Womöglich auch das. Ich überlegte, Elfriede Fischer die Tür zu weisen, da sie durch ihr zunehmend undiplomatisches Benehmen Kunden verschreckte und die Angestellten auf die Palme brachte. Aber ich konnte mich auch zu diesem Schritt nicht durchringen.

In meinen Träumen blieb Harry Robert Fischer stets präsent. Da lag er blass und krank im himmelblauen Pyjama im Bett, das eingefallene Haupt mit drei Pölstern gestützt, wie es auf dem letzten Lager in Hampstead tatsächlich der Fall gewesen war. Plötzlich setzte er sich auf und gab mir wild gestikulierend geschäftliche Anweisungen: „Tue das … vergiss jenes nicht … wieso bist du nicht selbst darauf gekommen …? Kannst du dich nicht endlich auf die Hinterbeine stellen …?! Beeile dich …! Jetzt, augenblicklich, auf der Stelle!“ Ich sah alldem im Traum stumm zu und rief ihm dann bloß zu: „Das alles kannst du mir überhaupt nicht mehr anschaffen. Du bist bereits tot!“

Das neue Leben

Am Schriftstellertisch fühlte ich mich, im Gegensatz zum Galerieschreibtisch, am wohlsten. Sobald in frühen Morgenstunden die ersten Sätze geschrieben waren, brach die psychosomatische Störfront zusammen. Der Schriftstellerschreibtisch war durchaus mein Gesundbrunnen. Ab dem Jahresende 1977 arbeitete ich mit dem österreichisch-britischen Fimregisseur John Goldschmidt im Auftrag des ZDF und des ORF am Drehbuch zu einem Spielfilm über Egon Schieles Leben. Das half mir augenblicklich, aus dem Depressionstief emporzuschnellen wie ein Korken aus der Flasche.

Ich tauchte wieder in das Leben und Werk Schieles ein und war begeistert von der mönchischen Reinheit, mit der der Künstler seine Ziele verfolgte. Gemeinsam mit Goldschmidt rang ich die Philisterdummheit nieder, die in Schiele nicht viel mehr als einen Pornografen erkennen wollte. Bei dieser Arbeit entdeckten wir neue Aspekte seiner Biografie: seine Obsession für Eisenbahnen, zum Beispiel, oder die kindliche Liebe zu kleinen Objekten, zu einem roten Holzpferd etwa, zu Bauernschnitzereien und Glastieren vom Wiener Christkindlmarkt. Diese für mich ungewöhnliche Arbeit erlaubte mir, von der abstrakten kunsthistorischen Werk- und Stilanalyse wegzukommen und ganz in das Leben des bewunderten Künstlers einzutauchen.

Ich achtete sehr darauf, nicht in Sentimentalität abzurutschen, und das Ergebnis war – ich glaube das sagen zu dürfen – ein gelungener Fernsehfilm. Der damals neunundzwanzigjährige Schauspieler und Dramatiker Felix Mitterer spielte Egon Schiele, Katharina Zeisler dessen bekanntestes Modell Wally Neuzil. Gottfried von Einem konnte für die Filmmusik gewonnen werden.

In der Galerie zeigte ich eine seit langer Zeit vorbereitete Josef Hoffmann-Ausstellung. Es war das erste Mal, dass Hoffmann und die Wiener Werkstätte einem größeren englischen Publikum vorgestellt wurden – darunter Skulpturen und Objekte der Wiener Werkstätte sowie Hoffmann-Möbel, Hoffmann-Silber und seine schönen Metallentwürfe. Für einen Moment, so schien es, hielten sich die Waagschalen der Vita activa und der Vita contemplativa tatsächlich in einer Art Gleichgewicht.

Der Sommer 1978 war geprägt vom Einzug in unser neues Haus in Grundlsee. Seit langem hatte ich mir ein Ferienhaus im skandinavischen Stil gewünscht und zwei Jahre vorher erneut die Architekten Konrad Frey und Florian Beigel beauftragt, das erste und für lange Jahre einzige Sonnenhaus Österreichs zu bauen – ein ausschließlich mit Sonnenenergie beheiztes und Warmwasser erzeugendes „Forschungshaus". Ich hatte Vater gebeten, eine gewisse Summe für den Bau beizusteuern, doch er weigerte sich entschieden, mit demselben Argument, das ich seit Kriegsende immer wieder von ihm zu hören bekam: „In Österreich gibt es sieben Millionen Einwohner. Und das sind sieben Millionen Nazis. Vielleicht darf ich dich daran erinnern, dass mein Bruder Günther von diesen Unmenschen ermordet wurde? Wie kannst du in diesem Land ein Haus bauen? Ich denke nicht daran, diese Schnapsidee auch noch finanziell zu unterstützen!"

Der schöne, längliche Holz- und Glasbau hatte unter vorhersehbaren Geburtswehen zu leiden, oder genauer gesagt: Wir, seine Bewohner, hatten mit Schwierigkeiten zu kämpfen, die normalerweise beim Einzug in ein neues Haus niemand erwartet. Davon abgesehen reagierten die Einheimischen nahezu ausnahmslos irritiert, obwohl das flache Haus unauffällig in die Landschaft gesetzt und im Vorbeifahren kaum wahrnehmbar war. Trotzdem wurden wir zum Gespött des Ortes. Man bezeichnete das „Haus Fischer" als Wildfütterung oder Schlangenfarm, als Stall oder ruhende Fledermaus. Andere haben es Eisenbahnwagen genannt, eine Forschungsstation auf dem Mond oder eine militärische Kommandostelle.

Wir machten die teils heitere, teils ärgerliche Erfahrung, dass die wackeren Architektenfreunde ein Experiment auf unsere Kosten gebaut hatten und wir nun ihre „Meerschweinchen" waren, an denen die Solarenergie ausprobiert werden sollte. Sonnenenergie in einer absoluten Regengegend, der Fußboden von Heizungsschlangen durchzogen, aus neuartigen Materialien errichtet, darunter Sperrholz als Außenwandverkleidung und farbige Dachpappe statt Schindeln oder Dachziegeln, mit schräg nach unten gehenden Fenstern und vielem Neuen mehr. Eine massive, verglaste Speicherwand diente dazu, die Sonnen- in Wärmeenergie umzuwandeln und über das mit einer Fußbodenheizung verbundene Wasserrohrnetz in das Haus zu leiten. Unsere ständigen Sommergäste waren der Elektriker, der die Technologie zunächst beinahe täglich neu einstellen musste, die beiden Architekten sowie die Schar der Neugierigen, die ungeniert durchs Fenster schauten: „Was'n das für'n Ding?!"

Andererseits war meine Sehnsucht nach einem scheinbar einfachen, in Wirklichkeit aber unerhört raffinierten Landhaus durchaus verwirklicht. Die Architekturhistorikerin Eva Guttmann schrieb 2007: „Für das Haus Fischer gibt es weder Vorbilder, noch scheint es selbst direkt zum Vorbild geworden zu sein. Trotzdem hat es Wirkung entfaltet, nicht zuletzt deshalb, weil es nach wie vor im ursprünglichen Sinn genutzt wird, immer noch zugleich bescheiden und selbstbewusst eine moderne Haltung transportiert und die Überlegungen, die vor über dreißig Jahren seine Entstehung bestimmt haben, heute zum Planungsalltag gehören."

Als „Bildungserlebnis" war der Bau aus meiner Sicht ganz und gar gelungen. Und bei einem zweiten Versuch hätte ich genau gewusst, aus welchen Fehlern man was zu lernen hätte. Ab da verstand ich jenen Fürsten Liechtenstein, von dem es hieß, er hätte den Bauwurm gehabt: Kaum war ein Schloss fertiggestellt, wurde auf sein Geheiß das nächste begonnen.

Apropos Fürst Liechtenstein: Ich bewarb mich 1978 um den Direktorposten für das neu gegründete Wiener Museum der Gegenwartskunst, welches im Palais Liechtenstein untergebracht werden sollte. Herta Firnberg, die damalige österreichische Ministerin für Wissenschaft und Forschung, die auch für Kunstangelegenheiten zuständig war, ermutigte mich: „Wunderbar! Sie wären für den Posten sehr geeignet. Ich kann natürlich nichts versprechen, weil es ja am Schluss sicherlich mindestens einen Dreiervorschlag gibt. Aber ich bin sehr für Ihre Bewerbung!" Ich lud sie nach London ein, und diese Reise hat sie tatsächlich angetreten. Aus heutiger Sicht würde das als „Anfütterung“ bezeichnet werden. Ich habe es nicht als solche aufgefasst und Frau Firnberg mit ziemlicher Sicherheit auch nicht.

Das Auswahlverfahren zog sich über Monate hin. Sieben Kandidaten kamen in die engere Wahl, einer davon war ich. Nun stand ich vor der Überlegung: Wollte ich fortan das Leben eines Wiener Beamten führen oder den Überlebenskampf der Londoner Galerie mutig fortsetzen? Wollte ich in einer Weltstadt oder in der Provinz leben? Sollte die Zukunft mehr Muße fürs Schreiben bereithalten oder weiter in der Jagd nach Galerieumsätzen bestehen? Sollten meine Kinder im angelsächsischen Raum aufwachsen oder in die „Heimat der Väter“ zurückkehren – die mein eigener Vater in Wahrheit verachtet hatte?

Ich fühlte mich wie im Bauch des Wals gefangen und konnte nur warten, dass ich an Land gespieen wurde. Aber an welche Küste? Ich kämpfte täglich darum, dass die kleine Provinz meiner Kreativität nicht ganz vor die Hunde ging und dass mich weitere Jahre zwischen Bond Street, King Street, Madison Avenue und Basler Kunstmesse nicht ruinierten. Ich ahnte aber auch, dass mich die sybaritischen Freuden einer Havanna, eines maßgeschneiderten, monogrammierten Hemdes von Turnbull & Asser, des Rebhuhn-Essens und Langusten-Knackens, der kleinen, stets kostspieligen Spaziergänge über den Portobello-Antiquitätenmarkt, der schnellen Flugreisen nach Marokko, New York oder an einen herrlich verschneiten alpinen Skiort, das ungehinderte Bücherkaufen und die Tatsache, nicht überlegen zu müssen, ob man Taxi fährt oder im 5-Sterne-Hotel absteigt, mit mephistophelischem Elan vital beflügelten.

Ich erhielt die Stelle des Wiener Museumsdirektors nicht. Der deutsche Kunstmäzen Peter Ludwig, dessen Sammlung den Löwenanteil des neuen Museums ausmachte, bestand auf der Bestellung seines Freundes, des Kunsthistorikers Dieter Ronte. Wie Jahre zuvor, im Fall des frei gewordenen Postens des Museums des 20. Jahrhunderts, konnte ich mich im Intrigenkarussell meiner ehemaligen Heimatstadt nicht durchsetzen.

Vielleicht war es auch besser so, dachte ich während eines vom englischen Verleger Lord George Weidenfeld und dem österreichischen Verleger Fritz Molden einberufenen internationalen Auslandsösterreicher-Symposiums in der Wiener Hofburg, an welcher Politiker, Künstler und Intellektuelle aus aller Welt teilnahmen. Seit meinem Abblitzen bei der Bewerbung um den Museumsposten waren eineinhalb Jahre vergangen. Man feierte den fünfundzwanzigsten Jahrestag der Unterzeichnung des Staatsvertrages.

Bei der Sitzung des Manifest-Ausschusses am vorletzten Tag der Konferenz bekam Professor Bruno Bettelheim, der berühmte Kinderpsychologe aus Kalifornien, einen Wutanfall nach der Art meines Vaters, dessen Ursachen mir aus der Emigrantenpsychologie nur allzu gut bekannt waren. Er schlug plötzlich mit der Faust auf den Tisch und schrie in den Raum: „Was heißt denn hier in diesem Manifest: ‚Wir, die wir im Ausland leben, sind dankbar, dieses heutige Österreich als Land unserer Herkunft angeben zu können‘?! Zum Teufel noch einmal, nein, ich schäme mich und werde mich bis ans Ende meiner Tage schämen, meine Familie haben sie ausrotten wollen, meine Existenz und mein Haus haben sie mir weggenommen, sie haben mich umbringen wollen, ja, das sollten sie in das ‚Feierliche Manifest' hineinschreiben …!"

Lord Weidenfeld schaute durch die hohen Fenster auf den Josefsplatz hinunter und wartete, bis sich der Sturm gelegt hatte. Dann ging man zur Tagesordnung über. Das Trauma der Exilierten war bestätigt, die Fremde war zwar nicht Heimat, die Heimat aber Fremde geworden, und Bundespräsident Rudolf Kirchschläger hatte es uns Konferenzteilnehmern ja auch deutlich zu sagen versucht: Wer nach dem Krieg nicht in Österreich gewesen sei, wer den Aufstieg aus den Trümmern nicht am eigenen Leib miterlebt habe, „die Angst vor dem Morgen", der könne gar nicht verstehen, was dieses Land seit 1955 geleistet habe. Sehr wohl bin ich damals dabei gewesen, aber ich habe mich mit Staatsbegeisterung jeder Form zurückzuhalten gewusst.

Am letzten Abend der Erinnerungszeremonien lud der Wiener Bürgermeister Helmut Zilk zu einem Grinzinger Abschlussheurigen ein. Im Autobus, der uns Ehrengäste in die Stadt zurückbrachte, übernahm der Schriftsteller Gregor von Rezzori, an diesem Abend göttlich besoffen, das Mikrofon, um uns ein Privatkabarett vorzuführen. Während wir die nächtliche Nussdorfer und Alser Straße entlang über den Ring bis zum Hotel Bristol und Hotel Imperial chauffiert wurden, persiflierte er einen Fremdenführer, der auf Deutsch, Englisch, Französisch und Italienisch Sigmund Freud mit Apfelstrudel, Karl Kraus und Katharina Schratt, Viktor Adler und die urkomische Gräfin Beatrice Triangi, ein vergessenes Wiener Original, und den Mini-Metternich Dollfuß sowie das erfreuliche Zurückgehen der Kröpfe im Burgenland zusammenwürfelte, Burgtheater und Oper absichtlich verwechselte und die schon vor Mitternacht leeren Straßen als den Times Square Mitteleuropas bezeichnete. Als Refrain sang er immer wieder: „Wien, Wien, nur du allein, kannst die Stadt meines Traumas sein!“

Der Mensch besteht aus Widersprüchen. Erst 1982 hatte ich die britische Staatsbürgerschaft angenommen; aber auf keinen Fall wollte ich meinen österreichischen Pass verlieren und suchte so um eine Ausnahmeregelung an. Es war eine Art „Gnadengesuch“, dem stattgegeben wurde: „Auf Grund der beigelegten Liste Ihrer Verdienste um die Republik Österreich, wie auch auf Grund der Tatsache, dass Sie, wie uns die österreichische Botschaft in London bestätigt, Träger des Ehrenzeichens Erster Klasse für Kunst und Wissenschaft sind, wird Ihnen hiermit amtlich bestätigt, dass Ihnen die österreichische Staatsbürgerschaft trotz Ihres britischen Passes nicht aberkannt wird.“ Es freute mich, zugegebenermaßen, dass ich die österreichische Staatsbürgerschaft beibehalten durfte, wie es mich auch freute, mit dem Ehrenkreuz für meine Verdienste um die österreichische Kunst ausgezeichnet worden zu sein.

Es mag vielleicht nicht ganz logisch erscheinen, dass ich mich glücklich wähne, seit über zwanzig Jahren London den Rücken gekehrt zu haben und wieder in Wien zu leben.

Umbruchzeiten

Lange Jahre begleitete mich das Gefühl, etwas Wesentliches in meinem Leben ändern zu müssen. Etwas Neues müsse geschehen und ein Standpunkt gewonnen werden, der faule Kompromisse ausschloss. Dennoch ging alles wieder seinen gewohnten Gang, zumindest nach außen hin: Bildereinkäufe, Bilderverkäufe, Auktionen, Ausstellungen, die ewig gleichen Künstlernamen: Moore, Schiele, Kokoschka, Klimt und Klee, Jahresabschlüsse, Steuervorschreibungen, familiäre Weihnachts- und Osterfeste, die Sommerfrische am Grundlsee.

Oft stellte ich mir die Frage, wie lange ich diese „einspurige Autobahn" noch befahren würde. Zugleich weigerte ich mich beharrlich, meine Hoffnungen ad acta zu legen, an den Schriftstellererfolg von *Wohnungen*, meiner Erstveröffentlichung, eines Tages anknüpfen und ein einigermaßen umfangreiches Werk hinterlassen zu können. Das regelmäßige Prosaschreiben würde trotz aller Ablenkungen möglich sein. Und es gelang mir auch, hin und wieder die eine oder andere kleine Erzählung zu schreiben, „Gschichterln", wie Hermann Broch dies nannte. Aber die Zeit und das Sitzfleisch, den großen Wurf voranzutreiben, hatte ich nicht.

Existenzängste und Zweifel am Fortbestehen der Galerie prägten den Beginn der achtziger Jahre. Selbst gute Umsatzzahlen waren kein ausreichendes Argument gegen meine depressive Veranlagung. Die Sommerwochen im Sonnenhaus brachten Gott sei Dank immer wieder Beruhigung. Wenn der Elektriker das ausgeklügelte

Sonnenheizungssystem neu eingestellt hatte, suchte man Socken, Hosen und Bergschuhe heraus, deren Ort man in den vergangenen elf Monaten halb vergessen hatte, um auf große Wanderung zu gehen. Die Nächte waren von wilden Träumen erfüllt, die wohl auch aufgrund des nachlassenden Alltags- und Arbeitsdrucks entstanden. Statt der Verkehrskakofonie zwischen Piccadilly, King Street und Saint Johns Wood gewöhnte sich das Ohr nach und nach an die vielfältigen Geräusche des Windes, an das Konzert der Vögel oder an das Rattern einer Nähmaschine in der Nachbarschaft. Unser Segelboot *Viribus Unitis* – benannt nach dem Wahlspruch Kaiser Franz Josephs I. – wurde flottgemacht, während ich feststellen musste, alle Geheimnisse der Knoten, Laschen, Ösen und des Fockaufrollers vergessen zu haben.

Ich beneidete Künstler wie Gustav Mahler, dem es oft gelungen war, während mehrerer Sommermonate sein Schaffen am Urlaubsort Toblach im Südtiroler Pustertal voranzutreiben. Für mich waren fünf Wochen schlicht zu wenig. Immer wieder schob sich der alte, banale Satz vom Genie, das zu einem Prozent aus Inspiration und zu 99 Prozent aus Transpiration bestehe, in erschreckender Weise ins Bewusstsein – dies immerhin zwischen Bergsteigen, Segeln, Freunde bewirten, Schwammerlsuchen. Wie konnte, wie sollte es weitergehen auf dieser Floßfahrt zwischen schreibendem und geschäftlichem Leben? Oft kam es mir vor, als hätte ich dieses glitschige Floß erst gestern betreten.

Eines Tages schrieb ich Herta Firnberg einen Brief aus Grundlsee, in dem es unter anderem hieß: „Die Urlaubstage geben mir Zeit, meine Lebenssituation erneut zu überdenken und auch in Ruhe Zukünftiges in Erwägung zu ziehen. In den nächsten zwei Jahren wird sich für mich wohl zum letzten Mal die Möglichkeit ergeben, aus beruflichen Gründen und so auf immer nach Österreich zurückzukehren, da ja drei Museumsleiterposten neu besetzt werden. Vom Ausland ist es für mich schwierig, alle Entwicklungen zeitgerecht zu überblicken, daher möchte ich Ihnen meine Bereitwilligkeit zur Rückkehr nochmals mitteilen und Sie herzlich bitten, mich in den so wichtigen nächsten Monaten nicht zu vergessen. Ich lege meine erneuerten ‚österreichischen Zukunftshoffnungen' ganz in Ihre bewährten Hände …"

Die „bewährten Hände" der Ministerin führten – wie so viele meiner Vorstöße, einen Museumsdirektorposten in Wien zu bekommen – ebenfalls ins Nichts. Und immer noch gab ich mich nicht ganz geschlagen. Es ist heute für mich nicht leicht nachvollziehbar, warum ich mich trotz der schlechten Erfahrungen und der großen Vorbehalte gegenüber meiner Heimatstadt vier Mal um die Leitung eines Wiener Museums bemühen sollte, darunter auch um die Österreichische Galerie Belvedere und das 1987 gegründete Jüdische Museum in der Dorotheergasse.

Mich trieb eine gewisse Sorge um, weder zur unangepassten Vätergeneration zu gehören noch zu der angelsächsisch angepassten Generation meiner englischen Altersgenossen. Ich musste mich damit abfinden, als der unangepasste und unanpassbare Beobachter zwischen den Ländern England, Österreich und Deutschland, zwischen den Klassen, zwischen den Religionen, zwischen den Berufen und zwischen den Sprachen meinem fünfzigsten Lebensjahr entgegenzugehen. Ich empfand mich mehr und mehr als ein „Zwischenmensch“, was nicht selten unerträglich anstrengend war.

Meine Überzeugung wuchs, dass sich auf der nur teilweise beleuchteten Nebenbühne des Lebens wesentlichere Dinge abspielten als auf der grell erleuchteten Hauptbühne. Auf der Nebenbühne surrten jene Gedanken- und Emotionsspulen, welche die Fäden von der Wirklichkeit des Tages in die des Traumes und wieder zurückzogen und somit das eigentliche, alles entscheidende Schicksalsmuster zustande brachten.

Ich versuchte mich zu ermutigen, die brennenden, aufrührerischen Gedanken, die mich ausmachten, ohne Rücksicht in die Schreibmaschine zu hämmern. Es gelang mir nicht. Ich staunte über meinen Mangel an Mut. Ich empfand augenblickliche Beunruhigung, sobald ich nur daran dachte, die Fenster meiner Fantasie zu öffnen, um alles Wirre und Ungeordnete einströmen zu lassen. Ich war eben doch ganz und gar konditioniert von Moralvorstellungen meist bürgerlicher Provenienz, immer in Furcht vor nachträglicher Sanktionierung. Ich wollte das wohlgeordnete Kartenhaus meiner bürgerlichen Existenz nicht zum Einsturz bringen.

Welche Erleichterung, etwa während einer herbstlichen New York-Reise, den Londoner Tagesballast für ein paar Tage hinter mir lassen zu können! Fern des Galeriealltags, fern von Bilanzen und Spesen.

Die Galerie machte zum Jahresende 1981 erfreuliche Umsätze, die in erster Linie zwei Glanzlichtern zu verdanken waren: einer Steinplastik *Mother and Child* von Henry Moore aus dem Jahr 1932 und einem Ölgemälde von Oskar Kokoschka, *Waterloo Bridge*, bereits 1926 entstanden, das ich der Nationalgalerie von Wales, in Cardiff, verkaufen konnte. Wir atmeten auf. Umso mehr, da englische Museen die expressionistische Kunst nahezu ausnahmslos ablehnten, zumal deutsche Malerei in Großbritannien prinzipiell als die Kunst des Feindes der zwei Weltkriege gesehen wurde. Der expressionistische Zugang zur Welt – sei es in der Malerei, der Dichtkunst oder der Musik – ist dem englischen Wesen außerdem zutiefst fremd: dieses Aufreißen der Herzen, dieser Überschwang an Emotionen geht dem englischen Gemüt gänzlich gegen den Strich. Man hält Gefühle zurück, sie werden vor den Mitmenschen verborgen, dürfen nur im Stillen blühen. Bis heute hängt übrigens in keiner öffentlichen Sammlung Englands ein Werk Egon Schieles. Dagegen gelang es mir, das Porträt *Hermine Gallia* von Gustav Klimt der Londoner National Gallery zu vermitteln.

Die nächsten zehn Jahre vergingen wie im Flug. Ich hatte mich mittlerweile in mein Schicksal gefügt. Es gelang mir zu meiner großen Genugtuung, Fischer Fine Art durch alle Krisen über Wasser zu halten, ohne allerdings je großen Gewinn zu machen. Im Grunde, wenn ich mir die Umsatzzahlen genau ansah, machte ich sogar besonders wenig Gewinn, zuweilen gar keinen. Und dann geschah 1992 etwas, womit niemand gerechnet hatte: Eine japanische Immobiliengesellschaft kaufte das Haus, in welchem unsere Galerie das Erdgeschoß besetzte. Das ganze Gebäude sollte abgerissen werden, um einem Neubau zu weichen, in dem man ausschließlich Bankbüros unterzubringen gedachte. Für uns stehe mit Sicherheit kein Platz mehr zur Verfügung, ließ man uns wissen. Wir mussten unseren Standort innerhalb kürzester Zeit räumen. Ich hätte sofort nach einer neuen Adresse suchen müssen. Wollte ich das? Im sechzigsten Lebensjahr stehend, erschien es mir schlicht unmöglich, ein neues Geschäftslokal in London zu finden und zu finanzieren.

Unvergesslich der Tag, an dem ich die Belegschaft in das Restaurant neben der Galerie einlud, um ihnen während des Mittagessens mitzuteilen, Fischer Fine Art werde für immer seine Tore schließen. Unser Team fiel aus allen Wolken. Es gelang mir, für alle meine Mitarbeiter einen neuen Arbeitsplatz zu finden, mit der Ausnahme des Direktors, der bereits neunundsechzig Jahre alt war. Stan Miles, unser Mann für alles, mit dem ich noch immer befreundet bin, reagierte besonders rührend. Als ich ihm mitteilte, ich würde zusperren müssen, konnte er die Tränen nicht zurückhalten. Welch trauriges, schmerzhaftes Kapitel!

Nun war mir plötzlich – von einem Tag zum nächsten – mein bisheriger Lebensinhalt abhanden gekommen. Ich hätte mich ab sofort aufs Schreiben konzentrieren können. Doch es ging nicht. Der Übergang vom Vollblutkaufmann zum kontemplativen Leben, nachdem ich Jahrzehnte im Straßenkampf des Kunsthandels gestanden hatte, fiel mir außerordentlich schwer. Es kam mir vor, als sei ich über Nacht vom Panzerkommandanten zum Schafhirten mutiert. Die Folge war eine noch nie gekannte Schreibblockade. Eine Lähmung meiner kreativen Kräfte nahm von mir Besitz und hinderte mich, mein literarisches Œuvre voranzutreiben. Denn ich plante ja nicht nur, den dritten Band, die *Tausendjährigen Dinge*, abzuschließen, sondern wollte darüber hinaus noch ein viertes, thematisch verwandtes Werk in Angriff nehmen, das *Zimmer für Zimmer* heißen und von der Wiedereroberung unserer arisierten Wohnung in Pötzleinsdorf handeln sollte. Die vier Bände würden dann, so plante ich, in einen Schuber zusammengefasst, den Titel *Wiener Blut* tragen.

Es schien mir nun an der Zeit, endgültig nach Wien zurückzukehren. Ich war von der Hoffnung erfüllt, in meiner ehemaligen Heimat den „Kreativitäts-Apparat" an die Wiener Steckdose anzuschließen – und er würde dann augenblicklich aufleuchten. Sicher spielten dabei auch meine immerwährende Sehnsucht nach der Kindheit, mehr noch nach der Muttersprache eine Rolle, denn nur in dieser Sprache konnte ich mich literarisch ausdrücken. Hinzu kam die Sehnsucht nach meiner Mutter, die bald neunzig werden sollte und der ich in ihren letzten Lebensjahren beistehen wollte. Ihr langjähriger Lebensgefährte, Dr. Peter Erben, Schulfreund meines Vaters und seines Bruders bei den Schotten, war kurz nach dem Krieg aus der Emigration von den USA zurückgekehrt; er hatte die Mutter dann um mehrere Jahre überlebt.

Wieder einmal war nach der Pensionierung ihres letzten Direktors die Leitung der Österreichischen Galerie Belvedere ausgeschrieben worden, und wieder bewarb ich mich um den Posten. In einem Interview mit der Tageszeitung *Die Presse* wurde ich gefragt, ob es nicht problematisch sei, einen Kunsthändler zum Chef eines der wichtigsten österreichischen Museen zu machen. So realistisch sahen meine Chancen aus, da es zu diesem Interview immerhin gekommen war. Daraufhin antwortete ich: „Es ist nicht nur problematisch, es ist unmöglich. Man muss sich da ganz klar entscheiden. Ich habe eine Galerie in London im April dieses Jahres geschlossen und würde mich voll und ganz meiner Tätigkeit als Museumsdirektor widmen. Prinzipiell finde ich es allerdings vorteilhaft, wenn Museumsleute Erfahrungen im Kunstbetrieb, etwa in einer Galerie oder einem Auktionshaus mitbringen." Als die Journalistin sich ein wenig scheinheilig erkundigte, woran denn meine Bewerbung zehn Jahre zuvor gescheitert sei, gab ich zu Protokoll: „Das würde ich selbst gerne wissen." Was mich denn nach Wien zurücktreibe, wurde ich abschließend gefragt, worauf ich wahrheitsgemäß entgegnete: „Heimweh."

Die Rückkehr nach Wien

Auch in diesem Fall scheiterte meine Bewerbung. Und auch dieses Mal sollte ich die wahren Gründe dafür nicht erfahren.

In den folgenden Jahren pendelten wir zwischen London und Wien. Ich entschloss mich zu einer Art Kompromiss, was mein schriftstellerisches Schaffen betraf, schrieb mehrere Bücher auf dem Gebiet der Kunstgeschichte, darunter eine große Monografie über Egon Schiele mit rund zweihundert Illustrationen, die zuerst im Taschen Verlag erschien und nach und nach zu einer Art Welt-Bestseller avancierte – mit Übersetzungen in mehreren Sprachen.

Durch einen glücklichen Zufall entdeckte ich den Nachlass der Muse, Geliebten und Lebensgefährtin von Gustav Klimt. Emilie Flöge war Designerin und Modeschöpferin und unterhielt bis 1938 mit ihren Schwestern Helene und Pauline einen großen, von Josef Hoffmann im Jugendstil entworfenen Haute-Couture-Salon auf der Mariahilfer Straße/Ecke Rahlgasse, in einem Haus, das nach dem dort einst etablierten Kaffeehaus Casa Piccola benannt war. Emilie und ihre Schwestern stellten hier außergewöhnlich schöne und teure Avantgarde-Kleider her, für die moderne Frau der Zeit, frei fließend und ohne Korsett.

Ich beging den Fehler, in einer Kunstzeitschrift anzukündigen, den Nachlass im Rahmen einer größeren Ausstellung in England zeigen zu wollen, woraufhin ein seit Jahren eifersüchtiger Konkurrent im Kunsthandel, der Wiener Antiquar Christian Nebehay, das Bundesdenkmalamt einschaltete und mich anzeigte: „Diese Sammlung darf nicht ausgeführt werden, sie ist von nationaler Bedeutung. Das muss unter allen Umständen verhindert werden!“, polterte er.

Ich hatte die gesamte Hinterlassenschaft bereits nach England gebracht, wohin wir ja weiterhin pendelten. Eines Nachts erhielt ich den Anruf eines Bekannten, des Ministerialrats Dr. Wilhelm Schlag, der damals für das Denkmalamt arbeitete: „Du, Wolfgang“, keuchte er in den Apparat, „es ist was Furchtbares passiert. Der Nebehay hat dich angezeigt. Du hast angeblich einen riesigen Schatz ausgeführt, der im Land hätte bleiben müssen!“ Er empfahl mir, mit der nächstbesten Maschine nach Wien zu fliegen und den Flöge-Nachlass gleichsam zurückzubringen. Und so geschah es auch.

Als Besitzer der Sammlung Flöge bemühte ich mich jahrelang, sie in Österreich zu verkaufen, doch kein Bundesland war in der Lage, den Betrag aufzubringen, den ich als Minimum verlangte. Da der Nachlass in Österreich unverkäuflich war, gelang es mir schließlich nach zehn Jahren, die Sperre aufheben zu lassen. Er wurde letztendlich bei Sotheby's in London versteigert. Schade, dass die Objekte nicht in ihrer Gesamtheit verkauft werden konnten, denn so wurden sie in alle Welt verstreut.

Mir blieb allerdings die Genugtuung, nicht nur diese wunderbare Entdeckung gemacht zu haben, sondern darüber hinaus das Buch *Gustav Klimt und Emilie Flöge – Genie und Talent, Freundschaft und Besessenheit* verfasst zu haben, das im Wiener Verlag Christian Brandstätter und auch bei Lund Humphries in London erschienen ist. Nach diesen beiden Buchveröffentlichungen begann eine

Zeit, die ich als eine der schwierigsten Epochen meines an schwierigen Phasen ohnehin reichen Lebens erachte. Ich verfiel in eine zehn Jahre währende, tiefe Depression. In dieser Periode gelang es mir nicht einmal, meine *Tausendjährigen Dinge* zum Abschluss zu bringen. Wäre mein Arzt Paul Goldscheider noch am Leben gewesen, hätte er es am ehesten verstanden, mich aus den Abgründen meiner Verzweiflung zu holen. Doch ohne seine Hilfe musste ich täglich einige Stunden im Bett verbringen, entweder in der Früh oder am Nachmittag.

Das schönste und nachhaltigste Ereignis meiner späten Jahre war, dass ich nach dieser so schweren Periode irgendwann doch noch in der Lage war, den dritten Band zu vollenden, meine *Tausendjährigen Dinge*.

In jenen ersten Jahren unserer Rückkehr nach Wien wurde ich zum Präsidenten des österreichischen P.E.N.-Clubs gewählt, eine Funktion, die ich drei Jahre lang, von 1998 bis 2001, bekleidete. Es war Milo Dor, der mich zur Kandidatur überredete, ebenso Traudi Portisch, die mich während des Internationalen P.E.N-Kongresses in London für die Arbeit gewinnen wollte. Traudi Portisch leitete damals für den österreichischen P.E.N-Club das Writers in Prison Komitee. Ich war schon seit einigen Jahren Mitglied des 1934 unter anderen von Thomas Mann gegründeten Deutschen P.E.N.-Clubs im Exil. Während dieses Kongresses in London lernte ich den damaligen Präsidenten des Internationalen P.E.N-Clubs Homero Aridjis aus Mexiko kennen; es entwickelte sich eine Freundschaft. Als er nach Wien zu Besuch kam, wollte er als erstes nicht die Federkrone von Montezuma im damaligen Völkerkundemuseum, dem heutigen Weltmuseum, sehen, sondern den Sarkophag Kaiser Maximilians in der Kapuzinergruft.

Doch die Freude währte nicht lange. Bald begann das so typische Wiener Mobbing und Intrigieren. Einige Mitglieder und Kolleginnen im Vorstand warfen mir vor, zu viel Geld auszugeben – für Lesungen, Einladungen, Zuwendungen… Es gelang mir, eine Reihe neuer Mitglieder anzuwerben, unter anderem Miguel Herz-Kestranek und Ruth Klüger. Ich wollte Autoren in Not unter die Arme greifen, das stimmte schon, aber in keiner Weise warf ich mit öffentlichen Geldern um mich. Der Vorwurf, der zu meinem Rücktritt führte, kam am Beginn der Regierung Wolfgang Schüssel. Man wollte, dass der Präsident alle Mitglieder des P.E.N. aufrief, an den Donnerstag-Demonstrationen gegen die Regierung teilzunehmen. Nach Besprechungen mit meinem Generalsekretär, Dr. Peter Marginter, wurde klar, dass nach unseren Statuten erst nach einer vorliegenden Beeinträchtigung des freien Wortes alle Mitglieder zur Opposition aufgerufen werden können.

Die Funktion hat enorm viel Zeit beansprucht, und so kam ich in jenen Jahren kaum zu etwas anderem. Aber dafür wurde ich gelobt, da unter meiner Ägide besonders viele geglückte Veranstaltungen stattfinden konnten.

Ich fand wieder den Kontakt zum Institut für Kunstgeschichte, dem Ausgangspunkt meiner Studien. Auf meine Initiative wurde 2008, siebzig Jahre nach dem Anschluss, im Hof 9 des Uni-Campus im neunten Wiener Gemeindebezirk ein Denkmal für die in der Zeit zwischen 1933 und 1945 ausgegrenzten, emigrierten und ermordeten Mitglieder des Kunsthistorischen Instituts der Wiener Universität enthüllt. Das Mahnmal war von Hans Buchwald entworfen worden, einem befreundeten Kunsthistoriker und Architekten, der im selben Jahr wie ich geboren und 1940 nach Amerika emigriert war. Das begehbare Denkmal hat die Form eines ringförmigen Tisches, der gewaltsam in zwei Teile gerissen wurde. Stühle sind teilweise eng, teilweise locker an diesen Tisch herangestellt, sodass einige Plätze besetzt werden können und andere immer unbesetzt bleiben. Eine hochgestellte, große Glasplatte zwischen den zwei Hälften des Tisches enthält die Namen der bis zum Zeitpunkt der Errichtung ermittelten siebzig Betroffenen. Das Zentrum des in der Wiese stehenden Denkmals bildet ein neu gepflanzter Blauglockenbaum. Auf der Homepage des Instituts sind die recherchierten Biografien der Vertriebenen und Ermordeten nachzulesen.

Nach der von Immobilieninvestoren erzwungenen Schließung der Galerie in London 1993 hatte ich unerwartet freie Zeit. Bei einem Besuch traf ich meinen lieben Kollegen Dr. Artur Rosenauer, der mir vorschlug, eine Art Workshop mit den Studenten der letzten Semester zu erfinden, um sie für die praktischen Aspekte ihrer zukünftigen Berufstätigkeit vorzubereiten. Ich konnte dies in Blockseminaren für zwei Jahre arrangieren. Es gelang mir, mit meiner Gruppe in verschiedenen Museen die Depots zu besuchen, die Probleme der Kunstversicherung kennenzulernen, Bilder alter Meister aus den Rahmen zu nehmen, um auch die Rückseite genauer zu studieren. All diese praktischen Übungen wurden von meinen Studenten mit großer Begeisterung aufgenommen.

Mittlerweile war meine geliebte Mutter gestorben. Sie wurde vierundneunzig Jahre alt. Wir waren in die Wohnung am Modenapark übersiedelt, in der ich bis heute mit Jutta lebe. Hier steht mein Schreibtisch, hier bringe ich diese meine Lebenserinnerungen zu Papier. Und denke an meine Kinder, die mir einerseits die größte Freude, anderseits den größten Schmerz meiner gesamten Biografie beschert haben. Zwei meiner drei Kinder sind in diesen Jahren unerwartet gestorben.

Wie sieht das Fazit meines bisherigen Lebens aus, am Vorabend meines siebenundachtzigsten Geburtstages? Ich kann es mir kaum verzeihen, mich viel zu selten meiner literarischen Tätigkeit gewidmet zu haben, erkenne darin eine tragische Komponente meiner Autobiografie. Ohne Selbstmitleid – nichts liegt mir ferner – stelle ich nüchtern fest: Ich habe zugelassen, dass materielle Bedürfnisse, die konstante Angst, nicht genügend zu verdienen, meine künstlerische Existenz Jahrzehnte lang überschattet und behindert haben. Meine schriftstellerischen Ambitionen sind, auch noch nach dem Tod des geliebten, wenn auch tyrannischen Vaters, auf dem Altar einer scheinbaren Sicherheit geopfert worden, nicht zuletzt auch aus einem tiefen Verantwortungsgefühl meiner Familie gegenüber.

Meine Lebenslust ist so wach wie eh und je. Ich blicke auf eine Lebensgeschichte zurück, die an schönen, gelungenen, befriedigenden, spannenden, überraschenden Elementen ungemein reich war. Eine Biografie, die sich, bei allen Heimsuchungen, die ich gekannt habe, nach wie vor täglich beglückend fortsetzt.

Publikationen von Wolfgang Georg Fischer

Wohnungen. München: Hanser 1969
Simplex Simplicius. Ein fast historischer teutscher Bilderbogen. Wien: Universal Edition 1970
Möblierte Zimmer. München: Hanser 1972
Die Zuckerzwerge aus dem Zwergenzuckerland. Freiburg im Breisgau: Herder 1975 (Bilder von Monika Beisner)
Gustav Klimt und Emilie Flöge. Wien: Brandstätter 1987 (Übersetzung ins Englische Lund Humphries. London 1972)
Die Mauer. Berlin: Ernst & Sohn 1990 (mit Fotos von Fritz von der Schulenburg)
Egon Schiele. Köln: Taschen 1994
Wolfgang Georg Fischer. In 80 Jahren um die Welt 1933–2013. Hg. Von Jutta Fischer. Wien: Selbstverlag 2013
Aus meinen Schreibstuben in London, Wien, am Grundlsee 1951 bis 2018. Wien: Löcker 2018 (Edition PEN, Band 11). Hg. von Evelyn Adunka und Helmuth A. Niederle
Tausendjährige Dinge. Wien: Löcker 2023

Kataloge der von Wolfgang Georg Fischer kuratierten Ausstellungen (Auswahl)

Marlborough Fine Art, London

1963
Oskar Kokoschka: 63 Lithographs 1961–1963
Kurt Schwitters
1964
Mark Rothko
Egon Schiele: Paintings, watercolours and drawings
1965
Francis Bacon: Recent paintings
Frank Auerbach
Gustav Klimt: Paintings and drawings
1966
Emil Nolde
Kandinsky and his friends: Centenary exhibition Kandinsky
The Bauhaus years
Paul Klee
Homage to Kokoschka
1967
Mordecai Ardon
1968
Henry Moore: 70th birthday
1969
Arik Brauer
Egon Schiele: Drawings and watercolours 1909–1918

Fischer Fine Art Limited, London

1972

A journey into the Universe of art: From Courbet and Corot to Bacon, Moore, and Lindner

Homage to Ceri Richards (1903–1971)

Egon Schiele: Oils, watercolours, drawings and graphic works

Universe of art II: A selection of important works by 19th and 20th century artists, including Bacon, Calder, Cézanne, Ernst, van Gogh, Klee, Lindner, Magritte, Monet, Moore, Nolde, Picasso, Rouault and Tobey

1973

Tatlin's dream: Russian suprematists and constructivist art 1910–1923

Universe of art III: Important 19th and 20th century paintings, drawings and sculpture

Henry Moore: The complete graphic work 1931–1972

Box I: Paintings, drawings, sculpture, graphics

Arthur Boyd: Recent paintings

David Bomberg: Paintings, drawings, watercolours and lithographs

1974

Ben Nicholson: Paintings, reliefs and drawings

Universe of art IV: Important 19th and 20th century paintings, drawings, sculpture and graphics

Masters of graphic art: Goya to Henry Moore

Henry Moore: Graphic work 1972–1974

1975
Julius Bissier (1893–1965)
The Zebra group (1965–1975): Asmus, Nagel, Stortenbecker
Paul Klee (1879–1940)
1976
Russian suprematist and constructivist art: 1910–1930
Henry Moore: The complete graphic work 1974–1976
Henry Moore: Bronzes and drawings – a selection from our collection
Hans Dörflinger: Recent paintings, drawings and gouaches
Emil Nolde: Paintings, watercolours, drawings and graphics
Cecil Stephenson (1889–1965)
Universe of art V: Important 19th and 20th century paintings, drawings, sculpture and graphics
1977
Josef Hoffmann (1870–1956): Architect and designer
Germany 1900–1939: A chronology of artistic, cultural and political events to accompany the catalogue of the exhibition Apocalypse and Utopia: A view of art in Germany 1910–1939
Alex Colville: Paintings and drawings 1970–1977
Michael Leonard: Recent works
Arthur Segal (1875–1944)
Karl Arnold (1883–1953)

1978

The Bourgeois Paradise: Important paintings, drawings and sculpture 1866–1912

Porcelain and propaganda: Russian revolutionary porcelain 1918–1925

1979

Leon Kossoff: Paintings and drawings 1974–1979

Vienna: Turn of the century art and design

Paul Klee (1879–1940): Exhibition to commemorate the centenary of the artist's birth

1980

Arthur Boyd: Recent paintings

Mihail Chemiakin: Transformations. First London exhibition

Henry Moore: Drawings, bronzes, etching variations, lithographs, etchings & aquatints

1981

Vienna: A birthplace of 20th century design 1900–1905. Purism and functionalism, „konstruktiver Jugendstil", including works by Josef Hoffmann, Adolf Loos, Kolo Moser, Joseph Maria Olbrich, Joseph Urban, Otto Wagner

The Real British: An anthology of the new realism of British painting

1982

The art of the poster in Austria and Germany 1900–1920

William Butterfield (1814–1900): Pioneer of High Victorian Gothic Revival Architecture. Drawings and metalwork

Hubert Schmalix: Gouaches on paper

1983

Hannah Höch (1889–1978): Oil paintings and works on paper

A study in patronage: Art, architecture and design

The Wiener Werkstätte and their associates 1903–1932

George Grosz (1893–1959)

Hubert Schmalix: Thirteen paintings

Arthur Boyd: Recent work

1984

Pablo Picasso: Drawings from the Marina Picasso collection, in association with Galerie Jan Krugier, Geneva and James Kirkman Ltd.

Karl Hubbuch (1891–1979): German realist of the twenties

David Bomberg (1890–1957): A tribute to Lillian Bomberg

An exhibition of 18th and 19th century British and continental architectural drawings (at The Clarendon Gallery, London)

1985

Frank Lloyd Wright: Architectural drawings and decorative arts (at Fischer Fine Art Ltd., London/Deutsches Architekturmuseum, Frankfurt am Main/Galerie M. Knoedler, Zürich/Galerie Würthle, Wien)

Art and design in Mahler's Vienna

Frank Lloyd Wright

1986

Truth, beauty and design: Victorian, Edwardian and later decorative art

Arthur Boyd

Gaston Chaissac: First London exhibition

Nine potters: Bernard Leach, Katherine Pleydell-Bouverie, Michael Cardew, Hans Coper, Lucie Rie, Elizabeth Fritsch, Ewen Henderson, Elizabeth Raeburn, Claudi Casanovas

John Bellany

1987

Peter Cook and Christine Hawley: Cities

Homage to Henry Moore (1898–1986). A tribute to sculpture 1877–1987. Sculptures by Henry Moore and Armitage, Arp, Barlach, Beuys, Calder, Caro, Chadwick, Chillida, Frink, Gabo, Hepworth, King, Lüpertz, Manzù, Marini, Meadows, Paolozzi, Rodin, Sandle

1988

Australian bicentennial exhibition

Ken Kiff: New York

1989

Elisabeth Frink: Recent sculpture and drawings

Classic plastic: A look in design 1950–1974

Klimt and Vienna: Drawings by Gustav Klimt

John Bellany

1990

Gwen Hardie: New paintings, sculptures and works on paper

Deanna Petherbridge: Themata

Tim Storrier: Blaze lines

Gillian Ayres: New paintings

Richard Oelze

1991

Pioneers of modern furniture (in association with Lund Humphries)

John Hubbard: Recent paintings

John Bellany in Cambridge: Fitzwilliam Museum

Lucy Mackenzie

1992

Ben Johnson: Paintings and diverse projects

David Tindle: Paintings

Auszeichnungen

Förderungspreis der Stadt Wien für Literatur

Goldenes Ehrenzeichen der Republik Österreich für Literatur und Kunst

Inhalt

Bildnachweis
Sämtliche Rechte liegen beim Archiv der Familie Fischer. Sofern nicht anders angegeben, stammen die Fotografien von Wolfgang G. Fischer, Jutta M. Fischer, Freunden der Familie oder Mitarbeitern der Galerie Fischer Fine Art, London.

Wir danken für die Unterstützung

*Zukunfts***Fonds**
der Republik Österreich

Bibliografische Information der Deutschen Nationalbibliothek
Die Deutsche Nationalbibliothek verzeichnet die Publikation in der Deutschen Nationalbibliografie; detaillierte bibliografische Daten sind im Internet über http://dnb.de abrufbar

Salzburg – Wien
Titelbild: Wolfgang Georg Fischer bei der Eröffnung der Londoner Galerie Fischer Fine Art, Juni 1972.
S. 2/3: Das Team der Londoner Galerie Fischer Fine Art in einem Ölgemälde von Michael Leonard, 1978.
Lektorat: Mona Müry
Gestaltung: Müry Salzmann Verlag
Gedruckt in der EU.
ISBN 978-3-99014-232-5
www.muerysalzmann.at

Aus dem Müry Salzmann Verlag

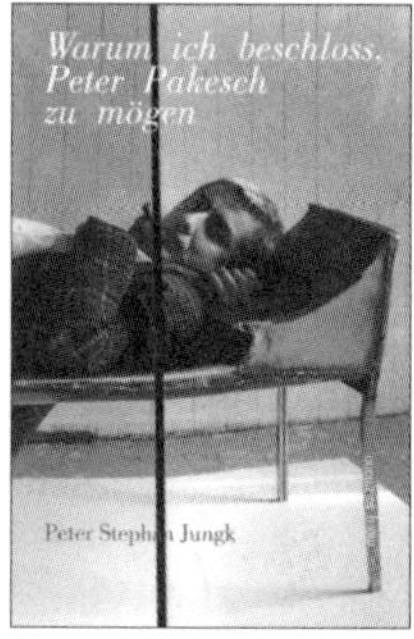

Eine so informative wie vergnüglich zu lesende Biografie.
Kleine Zeitung

ISBN 978-3-99014-212-7
208 S., EUR 25,–

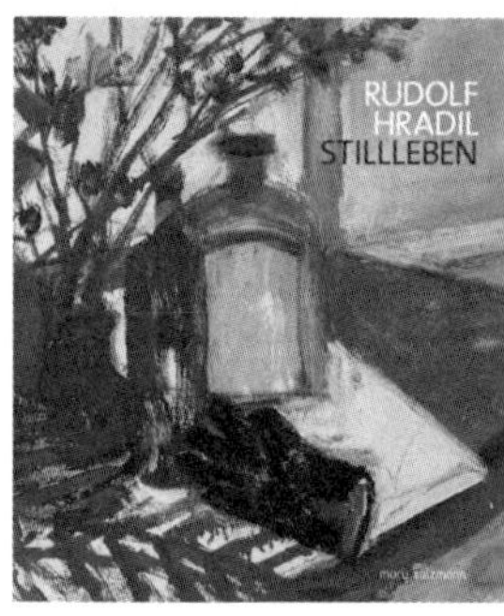

ISBN 978-3-99014-217-2
160 S., EUR 39,–

Die wunderschönen Hradil-Bände:
ein Muss für die Kunstbibliothek!

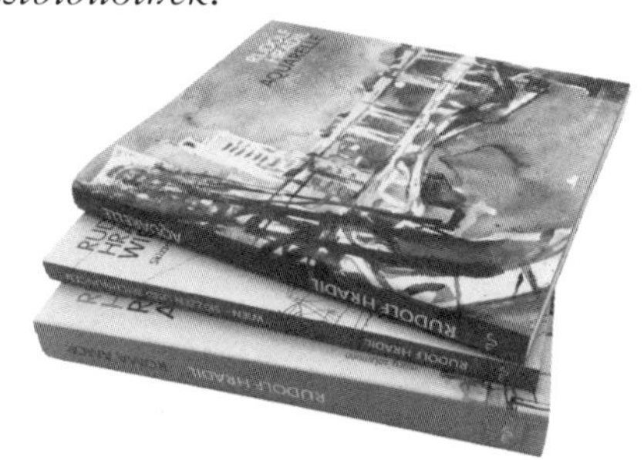

müry salzmann

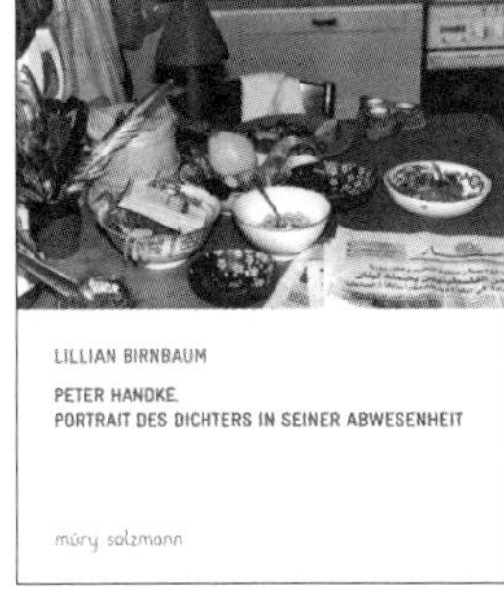

Eine Fotoserie über Handkes Haus, das nicht im herkömmlichen Sinn „eingerichtet", sondern eher „ausgerichtet" ist: auf das Draußen.

ISBN 978-3-99014-042-0
104 S., EUR 28,–

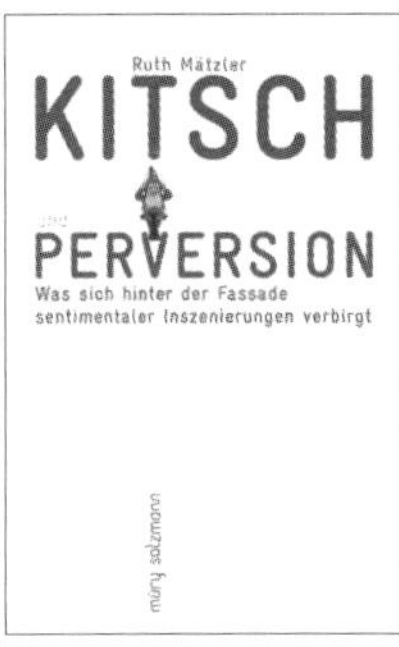

Ein scharfsinniger und zugleich unterhaltsamer Essay, der uns in Zeiten von Fake News lehrt, genau hinzusehen.

ISBN 978-3-99014-184-7
240 S., EUR 28,–

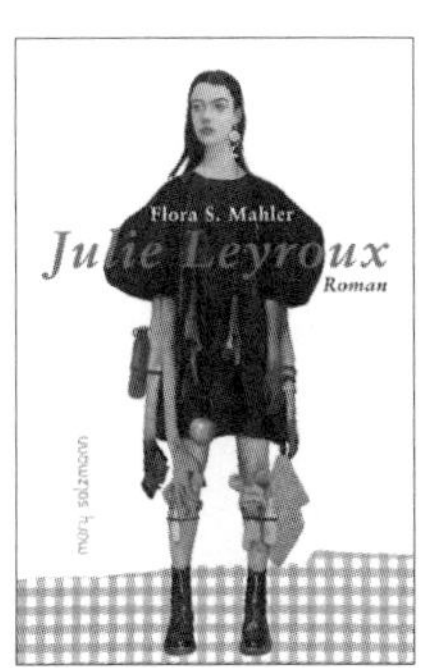

In die Besonderheiten von Kunst und [...] Künstlerpersönlichkeiten schenkt dieser anschauliche, empathisch erzählte Roman Einblicke.
literaturkritik.de

ISBN 978-3-99014-215-8
240 S., EUR 24,–

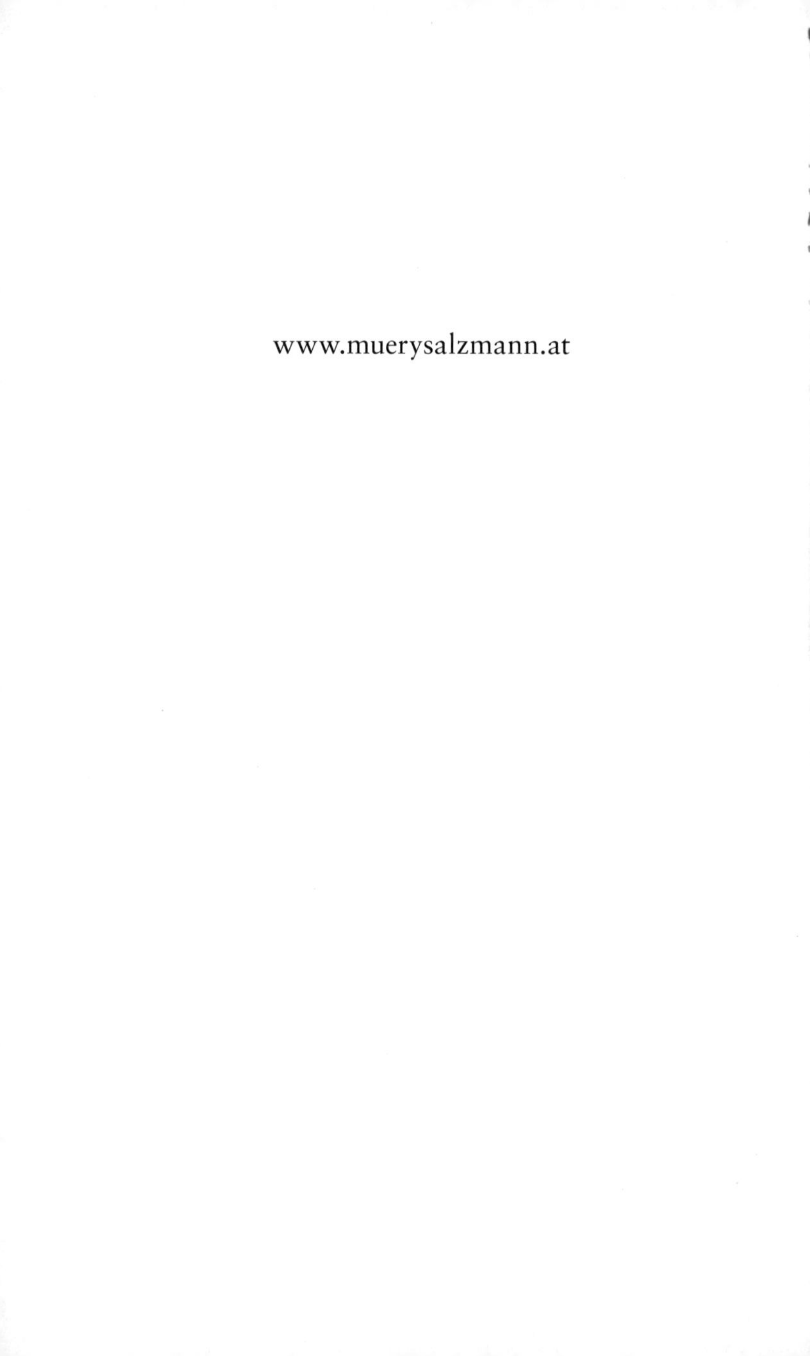

www.muerysalzmann.at